LE
SIÉGE DE MÉZIÈRES

PAR LES ALLIÉS, EN 1815

précédé d'une

NOTICE HISTORIQUE SUR CETTE VILLE

ET SUR LE PAYS DE CASTRICE

Par **Hubert COLIN**

Sous-Chef de Division à la Préfecture des Ardennes, Officier d'Académie, Membre correspondant de l'Académie impériale de Reims, etc.

VOUZIERS
Imprimerie de Auguste Lapie, rue de l'Eglise, N° 10.

1865

Notre siècle a mis en grande faveur les études et les travaux historiques, que les académies de province encouragent et dirigent très-heureusement : partout surgissent des monographies civiles et religieuses, des mémoires et notices archéologiques, qui ajoutent chaque jour aux documents avec lesquels doit être édifiée l'histoire nationale que la France doit posséder un jour.

Obscur travailleur, nous avons voulu, nous aussi, aider à l'œuvre future, en répandant quelque lumière sur l'ancien pays de Castrice, berceau des premières bourgades ardennaises, en retraçant succinctement les vicissitudes de la ville et des environs de Mézières, en disant surtout la part active que la vieille cité a prise dans les derniers évènements d'un grand règne....

Ajoutons que, dans cette résurrection d'un passé auquel se rattache plus d'un éclatant souvenir, nous nous sommes imposé un pieux devoir : celui de désigner personnellement les Macériens qui ont su concourir à la glorification de leur ville, et qui n'en tombent pas moins dans l'oubli, au grand dommage de l'éducation populaire et de l'avenir des jeunes générations.

On sait, en effet, que la défense de Mézières, en 1815, excita partout un égal sentiment d'admiration, quand on en vint à comparer le nombre des assiégés à l'effectif de l'armée assiégeante ; mais qui connaît aujourd'hui, et surtout qui connaîtra dans l'avenir les noms des généreux citoyens qui ont alors donné ou exposé leur vie pour l'honneur de la cité ?

Nous tenions à recueillir ces noms, et nous croyons avoir fait acte de patriotisme en les associant aux faits que nous nous sommes plu à évoquer.

HUBERT COLIN.

Mars 1865.

ESSAI HISTORIQUE

SUR CASTRICE ET MÉZIÈRES.

I. — A l'époque de la conquête des Gaules par Jules César, la contrée désignée plus tard sous le nom d'*Ardenne* était habitée, au midi, à partir de la Meuse, par des tribus qui dépendaient de la cité de Reims, au nord, par des peuplades réunies en confédérations, et relevant de la cité de Trèves. Ainsi, dans la Famène, on trouvait la tribu dite des *Pémaniens* ; dans le pays de Huy, ou du Condros, celle des *Condrusiens*, et dans les vallées de la Chiers et de la Semoy, celle des *Cérésiens*. Bien qu'elles fussent venues du Nord, toutes ces populations appartenaient à la nation gauloise par leur origine, circonstance qui leur avait valu l'avantage d'être admises (113 ans av. J.-C.) parmi les clients des Tréviriens. Les terres qui leur avaient été abandonnées étaient peu fertiles, mais elles n'en furent pas moins chères à ces peuples, qui surent les défendre à différentes reprises contre les Germains et les Suèves. Et quand vint, en l'an 57 avant notre ère, la soumission des Rémois aux armes de Rome, toutes les tribus du nord entrèrent résolument dans la ligue formée par les Belges pour la défense commune du pays. Défaits avec leurs alliés sur l'Aisne et sur la Sambre, les Ardennais de la région trévirienne ne déposèrent les armes, un moment, que pour les reprendre ensuite, avec leurs voisins, les Éburons et les Nerviens, et ne firent leur soumission que quatre ans après ; encore le conquérant des Gaules jugea-t-il prudent, cette soumission obtenue, de disposer ses légions de façon à prévenir de nouveaux soulèvements.

En effet, l'histoire nous apprend qu'en l'an 53 avant notre ère, César plaça deux de ses huit légions, non dans le pays rémois, qu'elles protégeaient précédemment, mais « *sur les confins des Trévires,* » (1) dont les mouvements devaient être surveillés ; et c'est le plateau de Bertaucourt, situé au nord-est de la citadelle actuelle de Mézières, où il domine trois presqu'îles formées par la Meuse, qui aurait été choisi pour le campement des deux légions dont nous venons de parler. « Là, dit un historien local, se trouvent des sources abondantes ; la vue s'étend et sur la forêt des Ardennes au nord, et sur les campagnes de la rive gauche au midi. Il était impossible de choisir un meilleur poste d'observation, un campement plus sain et plus avantageux ! » (2)

Il est un fait certain, c'est que la montagne de Bertaucourt recèle de nombreux vestiges dus à l'occupation romaine. Il en est de même des terrains adjacents, ainsi que des plateaux de Saint-Laurent et d'Aiglemont, auxquels ces terrains se relient : partout des sépultures anciennes, des médailles à l'effigie des premiers empereurs, des vases funéraires ou expiatoires, des cippes sculptés, des débris de poterie, d'armes et d'armures, ont été mis au jour pendant ces dernières années. Plus loin encore, dans la petite

---

(1) CÉSAR, *Commentaires,* liv. VI, ch. 44.
(2) MASSON, *Annales ardennaises,* p. 143.

vallée et sur le territoire de Cons-la-Grandville, c'est un *astrinum* tout entier, que des ouvriers travaillant pour les chemins vicinaux ont récemment découvert.

Suivant de judicieuses indications fournies par M. Mialaret, (1) la plupart des squelettes exhumés à Cons-la-Grandville gisaient dans le sol, sans autre protection que quelques grosses pierres placées vers la région du crâne : disposition qui n'appartient qu'aux sépultures gallo-romaines, et qu'explique la croyance païenne suivant laquelle la tête seule communique au sol quelque chose de sacré. D'autres corps étaient renfermés dans des tombes en pierres plates, ornées de divers attributs guerriers. Quelques-uns avaient à côté d'eux de petits vases en terre cuite, artistement modelés, dans lesquels on a retrouvé des pièces de monnaie, oboles de Caron dont les Romains aimaient à munir leurs parents défunts pour le passage du fleuve noir. Enfin, on a retiré à *Lacor*, même territoire, des urnes remplies de cendres et de résidus de corps gras, qui ne laissent aucun doute sur l'existence, en ce lieu, d'un vaste champ de sépulture établi dans le premier siècle de notre ère, l'usage de brûler les morts, chez les maîtres du monde, ayant tout-à-fait cessé dès le siècle suivant. Il est donc à croire que le plateau de Bertaucourt fut fortifié, non par César lui-même, mais par Auguste et par Tibère, qui en firent un camp permanent, destiné à surveiller le débouché des gorges voisines, en se reliant d'ailleurs, d'un côté, aux campements du bassin de l'Oise, et, de l'autre, aux crêtes du bassin supérieur de la Meuse.

Cette induction est d'ailleurs fortifiée par l'ensemble du tracé qu'offrent dans les Ardennes les anciennes

(1) *Mémoire adressé à la Commission de la Topographie des Gaules,* page 28. — Revue historique des Ardennes, année **1864,** p. 168.

voies militaires qu'on y a découvertes, voies qui convergent précisément vers notre plateau.

Ainsi, une de ces chaussées partait d'un camp établi non loin d'Hirson, à Maquenoise, et venait aboutir à la Meuse dans la direction d'Etion, où des sépultures romaines ont été découvertes en 1836. Une autre se détachait à Mouzon de la grande voie consulaire de Reims à Trèves, et venait aboutir au même point ; on en retrouve des tronçons à Saint-Laurent (1) et sur divers points de la côte du Sugnon, entre Bosséval et Saint-Menges ; et, partout où la vieille chaussée a été mise à découvert, des médailles et des débris de poteries romaines ont été relevés. Enfin, une troisième voie militaire, dont les traces sont parfaitement apparentes sur les territoires de Launois et de Gruyères, venait de Reims par Novion-Porcien, traversait la Meuse près du village de Prix, en un lieu désigné sous le nom significatif de *Gué des Romains*, et se soudait ainsi aux deux autres chemins sur le plateau même de Bertaucourt ou du *Bois-en-Val*.

Les fouilles récentes, pratiquées au pied du versant méridional du même plateau, à quelque distance du Theux, ont amené la découverte d'une sorte d'étage souterrain, parfaitement conservé, étage qui se relie, du côté de la Meuse, à des ruines qui semblent être celles d'un pont. A l'intérieur, les murs de cette substruction sont encore recouverts de couches de ciment ou de mastic qui n'ont pas subi la moindre altération. L'enduit a conservé jusqu'à sa teinte rosée, sur laquelle tranchent agréablement des traits rouges figurant des carreaux à joints alternatifs.

(1) Lors de la construction des maisons dites de la *Nouvelle-France*, en 1828, les ouvriers avaient mis à découvert plusieurs plates-formes dallées de pierres brutes d'une grande ténacité, et les laboureurs du pays déclarèrent avoir souvent heurté de semblables *enrochements* dans le voisinage.

V

Enfin, dans l'angle formé par la jonction de deux murs, on a trouvé un petit vase en grès renfermant soixante-quinze pièces romaines en billon, ou alliage de cuivre et d'argent dans la proportion de moitié. Ce groupe de médailles en comprend deux de Septime-Sévère, une d'Alexandre-Sévère, sept de Gordien, douze de Philippe, sept de Dèze, cinq de Gallus, quatre de Volusien, une d'Œmilius, dix de Valérien, onze de Gallien, et sept de différentes impératrices. (1) De la plus ancienne à la plus récente de ces pièces, c'est-à-dire de l'époque de Septime-Sévère à celle de Gallien, il n'y a que soixante années, qui s'écoulèrent de 194 à 254, époque à laquelle les Francs se ruèrent pour la première fois sur la Belgique. Nous en inférons, avec M. Mialaret, que la destruction des ouvrages du Theux date de ce temps ; et il y a lieu de croire que le camp Bertaucourt, dont ces ouvrages dépendaient, eut alors à subir lui-même les plus rudes atteintes.

Du reste, ce n'est pas seulement aux abords de Mézières, mais dans les divers cantons de son arrondissement, que se rencontrent des vestiges de constructions romaines. A cinq kilomètres de la ville, par exemple, au petit village de Saint-Marceau, situé sur une colline qui domine la vallée de la Vence, il est peu de maisons dont l'établissement n'ait donné lieu à des découvertes de la nature de celle qu'on a faite au Theux. En certains endroits, les fouilles ont mis au jour des fondations considérables, des caves tout entières. Ailleurs, on a recueilli en très-grande quantité des débris de poterie noire, grise et rouge, des fragments de vase en verre d'une certaine finesse, des chaînettes de casque, des ustensiles de ménage, et jusqu'à des fibules, ou épingles à boucles dont les soldats romains se servaient pour fermer leurs man-

(1) Cabinet de M. Mialaret.

teaux, le tout mêlé à des charbons et à des pierres rougies par l'incendie. Enfin, un certain nombre de pièces de monnaie à l'effigie des deux Sévère, de Géta et de Décius, amenées à la surface du sol par les taupes, ont été relevées, à diverses époques, en un lieu que la tradition et les anciens titres de propriété nomment *Vieilles-Maisons*. Nous nous étions donc arrêté depuis longtemps à cette idée : que la ruine des constructions antiques découvertes à Saint-Marceau devait être l'œuvre de la première incursion des peuples germains dans les Gaules, quand, au mois de décembre 1863, des bûcherons trouvèrent dans le bois voisin, à 50 centimètres environ de profondeur, un vase en poterie qu'ils brisèrent par mégarde, et où se trouvaient plus de cent pièces romaines en billon *saucé* d'argent. Nous avons en notre possession un grand nombre de ces pièces, et toutes sont précisément de la fin du deuxième siècle ou du commencement du troisième, c'est-à-dire de cette époque d'avilissement et d'anarchie qui vit régner les Commode et les Gallus, les Caracalla et les Maximin, et qui aboutit au sac de la Belgique par les Barbares...

L'histoire a conservé le souvenir des désastres dont notre pays fut alors le théâtre, et nous ne croyons pas nous tromper, en voyant dans les ruines souterraines de Saint-Marceau, et surtout dans la trouvaille récente qu'on a faite près de ce village, la confirmation de l'opinion que nous avons émise relativement aux ruines et à la trouvaille du Theux.

Quant au camp de Bertaucourt, rien ne nous semble mieux démontrer son insuffisance comme lieu de refuge pour les populations voisines, en cette circonstance, que l'enfouissement, et l'abandon, par leurs propriétaires, des petits trésors dont nous avons parlé. Ce fait indique clairement que les Ardennes furent à peu près dépeuplées. Et, en effet, on voit que vingt-trois ans après, en 277, l'empereur Probus, qui venait de battre chez eux les peuples germains, put établir, dans les vallées de la Meuse et de la Chiers, de nombreuses colonies de prisonniers désignés sous le nom de *Lætes* ou serfs, et que ces *Lætes* y vécurent sous la protection des *castella* restaurés. De ce nombre était, nous le croyons, celui de Bertaucourt, et ceux du groupe de Montfort, Sainte-Hélène et Vincy, dont on trouve les ruines près du village de Létanne.

L'auteur des *Chroniques de l'Ardenne et des Wœpres* va plus loin ; il prétend que c'est aux colons *lœtiques*, qu'il qualifie d'hommes de l'Est, en surnommant *œsti* ceux du pays d'Yvois et de Mouzon, qu'est due la fondation de la ville de Castrice, dont les Romains firent la capitale du comté de ce nom, ou du *Castritium* (étymologiquement : *Castra Lœtitium*).

De son côté, et sans admettre ni repousser cette opinion, M. Masson (1) précise l'endroit où se trouvait cette ville de Castrice, que M. Jeantin ne fait que désigner : il dit positivement qu'elle se trouvait sur la montagne de Bertaucourt, où nous avons vu le camp de Labiénus, et où, plus tard, un camp permanent reçut les troupes nécessaires à la défense du pays.

M. Masson est plus explicite encore en ce qui concerne l'importance, non de la ville, mais du comté de Castrice, dont il fait avec raison une des vastes circonscriptions militaires établies par Constantin.

« Le comté de Castrice, dit-il, était l'analogue des
« cités de Reims, de Tongres et de Trèves, dont il
« était un fractionnement ; mais c'était surtout un
« gouvernement militaire, créé pour la défense de
« l'empire, et dont l'importance se révèle par la nature
« des lieux qu'il occupait. Il était borné au midi par
« les Rémois et les Lingons, au nord par les Tongriens,

(1) *Annales ardennaises*, p. 202.

« à l'est par les Tréviriens, au couchant par les Ner-
« viens. »

C'est-à-dire que le comté de Castrice, tel que l'avaient fait les Romains, embrassait non-seulement le cours de la Chiers et de la Meuse dans les Ardennes, mais encore les vallées de la Semoy, de la Vence, de la Sormonne, de la Bar et en partie celles de l'Aire et de l'Aisne, comprenant dans son ensemble tout ce qui constitue aujourd'hui le département des Ardennes, plus la partie du Luxembourg ardennais qui s'étend entre Saint-Hubert et la Semoy.

Dans cette double hypothèse de l'érection de Castrice par les colons *lœtiques*, et de l'établissement d'un gouvernement militaire dont cette ville était le chef-lieu, l'officier qui y résidait aurait eu, en outre, au moins jusqu'au règne de Constantin, le titre de *Comte des affaires civiles*, et devait relever directement du Préfet ou *Duc des frontières*, alors placé à Yvois. (1)

Les lœtes ardennais étaient, en effet, des artisans et des soldats, et l'histoire nous apprend qu'en 284 ils s'étaient organisés en milices temporaires pour défendre contre de nouvelles agressions les lots de terre qu'ils avaient reçus.

De ce qui précède, il y a lieu d'inférer que les Romains, appréciant les avantages de la position de Castrice, en avaient fait une ville d'une certaine importance, et que, les premiers, ils exploitèrent la Meuse comme voie commerciale.

Essayons d'indiquer quelle était la situation exacte de cette ville.

II. — Selon les plus anciennes notions historiques, corroborées à la fois par la découverte des objets

---

(1) Une pierre trouvée à Carignan (autrefois Yvois), dans les fondations de la vieille enceinte de la ville, porte une inscription qui ne laisse aucun doute à cet égard.

exhumés du sol et par celle des restes de murailles dont on a constaté l'existence sur divers points, Castrice occupait, non le plateau de Bertaucourt, mais l'espace qui le sépare du Mont-Olympe. Si la montagne reçut elle-même des habitations civiles, ces constructions étaient peu nombreuses et appartenaient aux marchands chargés de la vente des denrées indispensables aux troupes. Il dut en être ainsi sur le versant sud-ouest du même plateau ; au moins est-il certain que là existait encore, au 16e siècle, un faubourg qui avait conservé le nom de la montagne, et qu'en érigeant alors la citadelle actuelle de Mézières sur les ruines de ce faubourg, des sculptures romaines ont été obscurément employées comme de simples moëllons.

« Ce n'est pas seulement sur la montagne de Bertaucourt, dit M. Masson, que se sont élevées des constructions datant de la même époque : celles-ci se sont étendues jusqu'au Mont-Olympe. »

Le Mont-Olympe offre en effet les restes parfaitement conservés d'un château-fort « *bâti du temps de la conquête des Gaules par les Romains,* » (1) restes qui ont servi de base à une tour d'un aspect grandiose, élevée par M. Lolot, un des derniers propriétaires.

Le manuscrit dont nous venons de citer quelques mots est surtout précieux en ce qu'il indique le nom du lieu où s'élevait la construction qu'il désigne : il l'appelle le *Chastelet.*

Or, le Chastelet, que beaucoup d'historiens ne savent où placer, était, suivant Marlot (2), le siége même de la ville de Castrice, qui embrassait évidemment la

(1) *Déclaration des droits de la princesse de Conti,* acte dressé à l'occasion de la vente faite, en 1629, de la principauté de Château-Regnault, dont le village de Montcy-Saint-Pierre dépendait.

(2) *Histoire de la ville, cité et université de Reims,* t. II, p. 639.

presqu'île et une certaine partie du territoire actuel de Montcy-St-Pierre (1).

« Mais c'est surtout entre ce village et le plateau de Bertaucourt, ajoute l'auteur des *Annales ardennaises*, que se rencontrait le groupe principal des habitations. Là encore, les pierres sont rougies par le feu, brûlées, calcinées ; et les champs, les chemins, les abords divers y ont une symétrie, une régularité remarquables. C'était sans doute le quartier du commerce et des affaires, celui de la population aisée ; car c'est dans cet espace qu'on découvre le plus de monnaies et de médailles. Dernièrement encore, on a trouvé dans la propriété de M. Létrange-Marchot, voisine du pont suspendu de Charleville, au bas du Mont-Olympe, un morceau d'architecture d'un bon style, le piédestal d'une statue : ce qui prouve que, même en cet endroit extrême, ne s'arrêtaient pas encore les limites de la ville romaine de Castrice (2). Là se trouvaient des constructions dont on n'a pas défini le caractère, et entre autres une cave ou un caveau rempli d'une grande quantité de cendres bien conservées. Ces cendres étaient-elles celles des ruines de l'habitation, ou bien les cendres funéraires d'une grande quantité d'habitants déposées successivement en cet endroit comme dépôt commun, à l'époque reculée où on brûlait généralement les morts ? Il est regrettable qu'on ne se soit pas livré à un examen sérieux de ces restes, peut-être très-importants d'antiquités. »

(1) Dans une intéressante notice sur le Mont-Olympe, M. Hubert semble adopter lui-même cette opinion. « Serait-il absolument impossible, dit-il, que le pays de *Castrice* tirât son nom de ce *castrum* ou *castellum* (le Chastelet) qui aurait été la forteresse de la contrée ? »

(2) Parmi les objets antiques exhumés sur divers points du Mont-Olympe, grâce aux investigations éclairées de son propriétaire actuel, M. Bougon, il en est de purement gaulois, et qui font croire à l'existence en ce lieu d'une ville celtique du nom de *Mose* ou *Mosi*, d'où serait venu le nom de *Montcy*.

XI

En attendant que la lumière se fasse d'une manière complète relativement à l'importance passagère de Castrice, nous inclinons à croire que les somptuosités de cette ville se rapportent au 4ᵉ, sinon au 3ᵉ siècle, époque à laquelle de notables restaurations furent faites aux grandes voies qui la desservaient, après avoir desservi naguère le camp lui-même. Toutefois, nous n'allons pas jusqu'à donner à cette ville, ainsi que le fait l'annaliste déjà cité, une *curie*, un *forum*, des *thermes*, toutes les magnificences des grandes cités gauloises devenues le siège de la puissance et de la civilisation romaines, car nous n'avons absolument rien qui puisse confirmer ces inductions. Encore moins ferons-nous de Castrice la résidence du chorévêque Dyschole, parce que ni Marlot, ni Flodoard ne font mention de l'apostolat de ce prélat dans la vallée de la Meuse ; parcequ'il est avéré, au contraire, que Saint Maximin, premier évêque de Trèves, fut aussi le premier apôtre des populations de l'Ardenne (1) ; parce qu'enfin l'organisation régulière des circonscriptions épiscopales dans la Gaule-Belgique ne date que de la fin du 5ᵉ siècle, et que, même à cette époque, les limites dans lesquelles devaient s'exercer l'action et le pouvoir de chaque prélat n'étaient pas exactement déterminées.

Nous allons voir, autant que le permettra l'obscurité des annales dont nous nous occupons, quelles furent les destinées de la ville et du pays de Castrice, lorsque les Romains, ces maîtres du monde auxquels le monde finit par échapper, eurent été amenés à faire place à d'autres conquérants.

III. — Au commencement du 6ᵉ siècle, à la suite des invasions toujours répétées des peuples du Nord,

---

(1) Les légendaires rapportent deux miracles de ce saint, opérés, l'un à Euilly, l'autre à Yvois (Carignan). Saint Maximin mourut en 351.

il n'y avait plus ni Gaulois ni Romains dans notre patrie : on n'y reconnaissait que des Francs, émigrants à la fois fondateurs et destructeurs, à qui le christianisme avait dû tendre la main, et dont il allait modérer les tendances brutales.

Les nouveaux maîtres étaient donc les évêques et les prédicateurs de la foi, saint Eleutère, saint Vaast, saint Amand, et surtout saint Remi, qui avait été placé sur le siége de Reims, alors qu'il était à peine âgé de 22 ans.

Catéchiste et conseiller intime du roi Clovis, saint Remi travaillait à édifier la nouvelle société chrétienne par les exemples de sa vie pleine de bonnes œuvres, associant de plus en plus le principe chrétien aux vieux codes venus des régions boréales. Les chefs militaires, que la guerre avait enrichis, furent ainsi amenés à faire le sacrifice de leurs beaux vases d'or et d'argent au profit des nécessiteux de toutes les classes. Les peines judiciaires furent aussi adoucies, et les accusés défendus avec une équitable charité. Enfin, les Francs apprirent, des pionniers de l'Evangile, à cultiver les champs, au lieu de les dévaster.

De son côté, Clovis n'oublia pas ceux à qui ses états devaient, sinon encore l'unité religieuse, au moins l'unité politique ; et, non-seulement il admit les évêques dans les grandes assemblées, mais il prétendit encore les doter de terrains qui leur permissent d'être les protecteurs immédiats des peuples.

C'est ainsi que, dès l'année 497, le pays de Castrice et de Mouzon devint la propriété de saint Remi.

Ces diverses parties de la forêt d'Ardenne étaient loin de se recommander alors par leurs productions, sinon dans les vallées de la Meuse et de la Chiers. Aussi ne les considérait-on que comme un appoint ajouté aux riches domaines du Soissonnais déjà octroyés au prélat, avec le terrain qu'il avait pu *circuire un jour pendant la sieste royale, étant monté sur sa mule.*

Ces largesses permirent au prélat de fonder un grand nombre d'églises, et à nos ancêtres, enfin soumis à l'agrégation religieuse, de recevoir avec fruit les bienfaits de la foi. Saint Remi mourut en 533 ; et alors les églises de Castrice et de Mouzon, les premières que le saint évêque eût érigées, parait-il, avaient été rattachées par lui, avec les terres qui en dépendaient, au patrimoine des évêques de Reims, ses successeurs.

Foncièrement, le pays de Castrice et de Mouzon appartenait depuis peu, la partie droite de la Meuse à l'*Oster-Rike*, c'est-à-dire au royaume d'Orient ou d'Austrasie, et la partie gauche au royaume de *Nioster-Rike*, c'est-à-dire d'Occident ou de Neustrie.

De là des tiraillements qui devaient faire de notre double frontière une proie à l'usage des Germains ou des Francs, suivant que la force habitait de l'un ou de l'autre côté du fleuve.

A l'avènement de Charlemagne, le pays de Castrice, qui était devenu, sous les derniers rois francs, un comté militaire comprenant, à peu près, les cantons actuels de Mézières et de Charleville, fut réuni à la province de Champagne et soumis au gouvernement du comte Wolfart. Mais le grand monarque laissa intact le droit des métropolitains, qui continuèrent à jouir de la collation des églises et des couvents, ainsi que de la dîme sur les terrains défrichés par leurs pionniers. Ces terrains étaient considérables, « et les seuls, disent les chroniques, qui donnassent épis et moissons, avant que Charles s'occupât personnellement des siens. »

Suivant les *Annales de Saint-Bertin*, en 843, lors du partage des états de Louis le Débonnaire, le comté de Castrice et le Mosomois furent compris dans la part de Lothaire, qui les défendit et les conserva jusqu'à sa mort. Mais ses enfants furent moins heureux, car on voit qu'en 860, un aventurier, nommé Garlache, parvint à leur enlever le *bourg* même de Castrice, pendant que, de son côté, Louis de Germanie ruinait leurs autres possessions.

En 870, Garlache occupant toujours Castrice, le pays de ce nom, comme celui de Mouzon, devint de nouveau un appendice de la Champagne, et fut soumis au sceptre de Charles-le-Chauve, en attendant son incorporation à l'empire d'Allemagne, en 886.

A cette époque de confusion, où la noblesse imposait et déposait seule les rois, la France obéissait elle-même à un prince étranger; et ce prince se nommait, non pas Charles-le-Grand, mais Charles-le-Gros!... On sait les honteuses défaites de ce règne. Et quand, en 893, les destinées de la partie septentrionale du royaume eurent été confiées à l'ineptie de Charles-le-Simple, que pouvait devenir le pays de Castrice courageusement arraché à la Germanie par le roi Eudes? — Ce que devinrent cent autres lambeaux de l'empire de Charlemagne, c'est-à-dire la proie d'autant de routiers avides, nés de l'anarchie du temps, et tout disposés à ne relever que d'eux-mêmes.

En effet, Castrice ayant été ruinée « par le feu du ciel », disent les choniques, mais plus vraisemblablement par les Normands, le fils de Garlache, qui se faisait appeler *Edelbert*, ou *Erlebaud*, c'est-à-dire *nouveau comte*, parvint, en 897, à s'établir à Warcq, non loin des ruines fumantes de la ville détruite, sur les confins du Porcien, et s'y érigea une petite souveraineté individuelle, tout en paraissant vouloir uniquement concourir à la défense commune du pays contre les invasions réitérées des hommes du Nord.

XV

Toutefois, en ce qui concerne Mouzon, Édelbert dut bientôt modérer ses prétentions et renoncer à l'occupation de cette ville, que les évêques de Reims possédaient en toute souveraineté, et qu'ils venaient de fortifier de manière à lui ôter toute velléité d'envahissement ultérieur.

En 899, le châtelain de Warcq érigea un second manoir, qu'il plaça non loin du premier, « *au territoire du vieux castritium romain, et sur une éminence baignée par les eaux de Meuse.* » Il y fut assiégé en 920, par l'archevêque Hervé, qu'il ne voulait pas reconnaître comme seigneur foncier, et dont il avait même pillé les domaines. Après un mois de résistance, Edelbert se réfugia en Allemagne, où les vassaux de l'église de Reims le poursuivirent et le tuèrent d'un coup de lance, alors qu'il allait entrer à Worms.

Edelbert laissait d'Isabelle, sa femme, une fille nommée Esther, et un fils que les chroniques appellent *Gharin* et surnomment *Bras-de-Fer*.

Gharin ayant trouvé grâce auprès du roi Charles-le-Simple, fut mis en possession du comté de Castrice, à charge d'hommage et redevance envers l'archevêque de Reims. En même temps, le pays de Rethel, sur lequel Gharin avait des vues secrètes, était érigé en fief, et devenait l'apanage du comte Bernard, compagnon d'armes du monarque, et qui fut un des fidèles gardiens des marches de l'Ardenne.

Ces concessions répondaient à un besoin du moment; mais elles déterminèrent de graves conflits entre ces mêmes seigneurs, qu'elles avaient pour but de créer ou seulement de rattacher au sceptre carlovingien, menacé de voler en éclats sous les efforts du parti national. De son côté, l'église de Reims s'en émut assez pour se croire obligée de se mettre sur la défensive, et de faire confirmer les droits et les priviléges qu'elle tenait elle-même de Saint Remi, sinon de Clovis.

Pourtant, en 925, le danger commun vint faire taire ces mesquines jalousies, et réunit en un seul faisceau les forces dont disposaient l'archevêque de Reims, les comtes de Castrice, de Rethel, de Porcien et de Grandpré : il s'agissait de repousser les Normands, qui avaient pénétré dans le Rethelois et dans le Rémois, et qui furent anéantis près de Chaumont en Bassigny, grâce au généreux concours de Victor de Pouilly, seigneur de Cornay.

Pendant les années suivantes, le comte Marc du Dormois et le seigneur de Cornay tournèrent leurs armes contre Herbert de Vermandois, qui retenait des biens appartenant à l'abbaye de St-Remi.

En 938, alors que, séparés de la cour, Hugues-le-Grand, Guillaume-Longue-Epée et Gisilbert de Lorraine s'étaient joints à Herbert pour faire des courses sur les terres de Reims, dont ils assiégèrent même la ville, les princes de Champagne étaient encore unis, et ils ne contribuèrent pas peu à faire rentrer les rebelles dans le devoir. Mais en 940, le comte Bernard ayant été autorisé à élever la tour dite de *Retest* (1), qui devait être un nouveau point d'appui pour les partisans du roi et pour les défenseurs de St-Remi, la division se mit dans le camp, et bientôt Bernard et Gharin en vinrent aux mains, soutenus, celui-ci par son beau-père, le comte Marc du Dormois, celui-là par Victor de Pouilly, le valeureux exterminateur des Normands. La rencontre eut lieu sous les murs mêmes du château de Warcq, où périt le sei-

(1) Suivant M. JOLIBOIS (*Histoire de Rethel*, p. 7), Retest est composé de deux mots : *Re* ou *roi*, et *Test*, témoignage, approbation. En effet, la grosse tour de Rethel fut bâtie avec l'approbation du roi, et devint bientôt un château considérable, par suite des constructions qu'on y rattacha en les fortifiant.

gneur de Cornay, victime de cette lutte déplorable dans laquelle la France avait chaque jour à déchirer ses propres entrailles !

L'avantage resta à Gharin.

Enfin de guerre las, les deux seigneurs finirent par s'entendre, et scellèrent leur réconciliation par un mariage entre leurs enfants. En 941, Manassès Ier, fils de Bernard, fut en effet marié à Ordelle, fille unique du comte de Castrice.

A cette époque, des serfs d'origine normande, appartenant au comte de Dormois, vinrent s'établir sur les bords de la Meuse, au pied et sous la protection très-effective du nouveau castel de Gharin : ce furent là les premiers habitants de Mézières, ville dont plusieurs étymologistes font venir le nom de *Maceriæ* (1), (masures, cabanes ayant d'abord abrité l'émigration dormoise), tandis qu'un Mémoire de 1751 le tire de *Macer* (2), dieu païen qu'on adorait en le frappant de verges, et dont Erlebaud possédait une statue (3).

On voudra bien nous pardonner d'en savoir moins que nos philologues, et de ne rien ajouter à ce qui vient d'être dit sur l'origine du nom de notre chef-lieu.

IV. — Occupé de sa colonie, le châtelain de Mézières paraissait vouloir renoncer à ses habitudes de brigandages ; mais en travaillant à se constituer une suzeraineté forte et compacte au milieu des nombreux

---

(1) JEANTIN, *Chroniques de l'Ardenne et des Woëpres*, t. Ier, p. 261 ; le P. Delahaut, *Annales d'Yvois*, p. 348.

(2) *Mémoire sur les villes et citadelles de Mézières, Charleville*, etc., par M. le chevalier de Châtillon. (Voir la *Revue des Ardennes*, 1864, 1er vol. p. 10).

(3) Selon la tradition, cette statue avait été trouvée lors de la construction du château. Les ouvriers avaient également mis à découvert des chapiteaux et des tronçons de colonnes, des fragments de corniche et des fondations de murailles d'une grande épaisseur, et dont l'ensemble semblait révéler l'existence d'un temple sans doute détruit par les Barbares. Mais on ne sut jamais exactement à quelle sorte d'édifice ces débris appartenaient.

petits fiefs que la volonté ou plutôt la faiblesse des rois avait fait naître autour de lui, une chose l'inquiétait sérieusement : c'était l'antipathie toujours croissante du souverain et des grands feudataires. Ces derniers repoussaient alors, et de plus en plus, la descendance de Charlemagne comme anti-nationale, et venaient même de proclamer roi de France, à Attigny, l'empereur Othon d'Allemagne, qui était déjà seigneur suzerain de la Flandre, de la Lorraine, des royaumes d'Arles et de la Bourgogne transjurane.

L'intérêt de Gharin l'appelait-il à se joindre aux rebelles, ainsi que le faisaient un certain nombre de seigneurs ardennais ? Le comte de Castrice ne pouvait le croire, et il se décida à rester dans le parti du roi, avec le comte de Dormois, son beau-père, et le comte de Rethel, son gendre.

La lutte se compliquait alors de la querelle particulière et toute locale des deux prétendants à l'archevêché de Reims, Hugues de Vermandois, candidat des grands vassaux (élu à l'âge de 5 ans, en 925), et Artaud, moine de St-Remi, que le roi avait fait élire en 931 : elle devait durer de longues années, pendant lesquelles le Rémois, le Laonnais, le Rethelois, le Porcien et le pays de Castrice furent le théâtre de combats continuels. Le roi lui-même, Louis d'Outre-Mer, tenait constamment la campagne, et partageait toutes les fatigues et toutes les incommodités du soldat. Après sa défaite dans le Porcien, où l'archevêque Artaud perdit ses bagages, les chefs des séditieux ayant été excommuniés pour avoir incendié un grand nombre de villages, une trêve avait été signée; mais bientôt l'assassinat du duc de Normandie, Guillaume-Longue-Epée, dans une conférence sur la Somme avec le comte de Flandre, vint rendre à la guerre la vivacité qu'elle avait un instant perdue. Plus nombreux que jamais, les insurgés ne reculaient

XIX

devant aucune extrémité, joignant partout l'or et l'intrigue aux opérations militaires, et obtenant des habitants, selon le besoin, ou leur concours ou leur neutralité.

C'est ainsi que l'archevêque Hugues était parvenu à pénétrer dans Mouzon ; il avait également emporté le château d'Ambly et faisait occuper celui d'Omont par le propre frère d'Artaud, Dodon, qui fut obligé de livrer son fils en otage, et comme garant de sa fidélité.

De leur côté, le roi, Artaud, les princes champenois et tous ceux qui étaient restés fidèles à la cause carlovingienne, faisaient des dégâts dans le Vermandois, obéissant, eux aussi, aux conseils d'une politique égoïste et cruelle. En 945, ils allèrent jusqu'en Normandie, pour y combattre une armée de Danois, qui venait au secours des grands vassaux. Là, encore, la fortune leur fut contraire : 18 comtes et seigneurs restèrent sur le champ de bataille, et le monarque lui-même tomba entre les mains de ses ennemis, qui l'emmenèrent à Rouen, et qui ne lui rendirent la liberté que quand ils eurent obtenu l'abandon de la ville de Laon.

La paix ne pouvait naître de ces nouveaux événements. Louis avait sur le cœur l'opprobre de sa captivité plus encore que la honte de son échec ; et, dès l'année suivante, son ressentiment le porta à associer à sa vengeance l'empereur d'Allemagne, son beau-frère, qui avait rompu avec les rebelles, et qui entra en France à la tête de cent mille hommes.

La haute réputation de l'empereur Othon fit une sorte de marche triomphale du début de cette invasion, à laquelle on donnait pour objet le salut de la France. Les mécontents parurent céder et se replièrent sur Paris. Après trois jours de siége, la ville de Reims ouvrit ainsi ses portes au roi et aux comtes de Castrice, de Rethel et de Dormois, qui y rétablirent l'archevêque Artaud, pendant que, de son côté, l'armée d'Othon pénétrait dans le comté de Paris, en pillant le peu que les princes avaient laissé aux populations. Seules, les villes de Senlis et de Rouen avaient organisé une défense que le concours des habitants et les moyens d'action des rebelles, reformés sur la Seine, rendit formidable : Othon dut rebrousser chemin, et le roi compta de nouveau avec Hugues-le-Grand, qui ne croyait pas mentir à son origine saxonne, en livrant la France à tous les malheurs d'une guerre perpétuelle (1), et qui s'était jeté de rechef dans la place de Mouzon, manifestant l'intention de replacer son homonyme sur le siége de Reims.

C'est alors qu'eut lieu à Yvois, sur la Chiers, une entrevue des monarques de France et de Germanie, entrevue où l'on convint de recourir, cette fois, aux armes de l'église. On y arrêta, en effet, la tenue d'un concile à Verdun pour le mois de novembre suivant. Mais bien qu'elle eût été de nouveau agitée en 947, au concile de Mouzon, la question du différend épiscopal ne devait être vidée que dans le synode général des Gaules et de la Germanie, qui se tint en 948, à Ingelheim, en présence des mêmes souverains.

Hugues de Vermandois y fut à la fois excommunié et déposé. Malgré tout, le prélat déchu ne quitta Mouzon qu'après la prise de cette ville par les milices des archevêques de Trèves et de Metz. La même sentence d'excommunication fut portée contre Hugues-le-Grand, « *tant pour sa conduite félone envers le roy,* « *que pour avoir chassé de Laon l'évêque Raoul resté* « *fidèle à son souverain :* » ce qui n'empêcha nulle-

---

(1) Hugues-le-Grand prétendait descendre directement de Kildebrand, frère de Charles-le-Martel, et balancer ainsi l'antiquité de la race de Charlemagne.

ment le duc excommunié de persister dans sa révolte. Quant à l'archevêque, il se retira dans le château d'Omont, d'où il ne sortit dès lors « *que pour faire des dégâts dans le Rémois,* » dit la chronique. Ce château ne put lui être enlevé qu'en 949.

Pendant ces troubles, la ville de Mézières était également tombée entre les mains d'un prince voisin, Frédéric d'Ardenne, qui ne la rendit que sous la pression du concile d'Ingelheim. Il en fut de même de celle de Laon, que Hugues essaya en vain de surprendre de nouveau.

L'ambitieux vassal comprit qu'il fallait se soumettre : il le fit enfin, mais en imposant des conditions, en se faisant notamment confirmer les titres de duc de France et de Bourgogne, et déclarer qu'ils passeraient en héritage à ses enfants (1).

En 953, une invasion de Hongrois vint ajouter ses maux à ceux de la guerre civile. Ces soldats mercenaires, que Conrad, dit le *Roux*, duc de la France rhénale, avait appelés pour ravager les terres du comte de Hainaut, passèrent comme un torrent dévastateur sur les plaines de la Champagne. Une de leurs hordes menaçait d'ensanglanter les rives de l'Aisne en débouchant de l'Argonne par Grandpré : les comtes de Dormois, de Castrice et de Rethel l'anéantirent complétement près du village de Senuc. « Il y eut là, disent les chroniques, une ample moisson de têtes humaines, que les vainqueurs promèneront en triomphe dans le Dormois, à Rethel et dans tout le pays de Castrice. »

Gharin mourut en 960, sans enfants mâles.

Du chef de sa femme, Manassès obtint ainsi le comté

---

(1) Ces titres ne donnaient pas encore les terres, mais ils conféraient le commandement général des armées, le droit de rendre la justice, d'établir des impôts sous l'autorité apparente des rois.

de Castrice et la ville de Mézières, qu'il réunit au domaine paternel, dont il avait hérité en 955, ainsi que de la terre de Porcien et de la seigneurie d'Arches.

A partir de ce moment, Rethel et Mézières eurent une même existence politique ; elles reçurent même des armoiries identiques ; *de gueules à râteaux d'or.*

Malheureusement, en dépit de la richesse de leurs armes et de la communauté de leurs efforts dans la voie du progrès, ces villes devaient prospérer bien lentement, la participation de leurs comtes à la guerre sourde des partis de la France devant les tenir constamment armées et sur le qui-vive. Les campagnes voisines ne furent pas moins agitées ; et, comme autrefois les Vendes, les laboureurs eurent à mettre souvent encore le soc de leurs charrues sur l'enclume, et à chercher leurs moissons dans les combats....

V. — Attaché à la postérité de Charlemagne, Manassès II, fils et successeur de Manassès Ier, s'était constitué le protecteur des jeunes rois Lothaire et Charles V ; et quant, à la mort de ce dernier, le parti national eut déféré la couronne à Hugues-Capet, le seigneur de Mézières devint l'exécuteur des vengeances carolingiennes.

On voit en effet que Manassès conduisit ses vassaux au siége de Reims, et qu'il parvint à occuper momentanément cette ville au nom de Charles de Lorraine, oncle du dernier roi, en cherchant, mais en vain, à gagner le clergé métropolitain à la cause de ce prétendant.

Cette regrettable expédition devait avoir les conséquences les plus fâcheuses pour les comtes de Rethel, qui tenaient leur pouvoir et ce qu'ils appelaient leurs droits de l'ancienne dynastie ; elle jeta d'ailleurs des ferments de discorde entre eux et les archevêques de Reims, et peut-être fut-elle la cause réelle des nombreux conflits dont le Rethelois, le Porcien et le pays de Castrice allaient avoir le spectacle. Ce qui est certain, c'est que, dès ce moment, Hugues-Capet ne négligea aucune occasion d'amoindrir l'autorité de Manassès, et que, de leur côté, les métropolitains amenèrent les successeurs du comte à reconnaître leur suzeraineté pour divers fiefs relevant de l'église de Reims ou de l'abbaye de Saint-Remi, et assujétissant les nobles possesseurs à certaines corvées dont ils ne pouvaient s'exempter que moyennant redevance.

Il en fut de même de l'évêque de Verdun, qui détruisit impunément des châteaux élevés par le comte de Rethel pour la défense du pays.

Une mort inexplicable, qu'on ne sait en quelle année placer, vint enfin arrêter le cours des humiliations dont Manassès était l'objet. Le comte laissait, pour lui succéder, son fils aîné, Manassès III ; il avait d'ailleurs deux autres enfants, Roger et Reignier ou Regnault, dont le premier hérita du Porcien.

Comme ses prédécesseurs, Manassès III ne rêvait que combats et agrandissement de domaines. En 1020, il essaya de s'emparer du Dormois, sur lequel il se croyait des droits comme héritier d'Ordelle, son aïeule, petite fille du comte Marc, seigneur de cette terre. Mais Herman de Grandpré, qui trouvait lui-même à son comté une médiocre étendue, comparée à celle de son ambition, s'opposa à cet envahissement; et, fort de l'appui du comte de Roussy, et d'ailleurs soutenu par Roger de Porcien, frère de Manassès, il battit ce dernier en plusieurs rencontres, prit et rasa le château de Julie, et parvint à s'approprier la plus grande partie du Dormois.

Décédé sans postérité vers l'an 1050, Manassès III eut pour successeur son frère Reignier, qui recueillit également le comté de Porcien à la mort de Roger.

Reignier avait épousé Aëlide de Grandpré ; et, s'il fut solidaire des exactions de son prédécesseur, il n'en fut pas le continuateur. Il fit même aux églises et aux couvents diverses donations que la mobilité de son caractère, et aussi les conseils de ses proches, lui firent en partie annuler avant sa mort. On ne sait rien de plus sur ce comte, ni sur l'époque précise à laquelle Hugues Ier, son fils, lui succéda. Seulement, il est certain qu'en 1094, Hugues fit marcher des hommes d'armes sur les terres concédées aux chanoines de Saint-Remi, afin de s'en ressaisir ; il refusa également au clergé de Reims les dîmes que le comte Reignier lui avait solennellement abandonnées.

C'était non-seulement manquer au respect dû à la foi jurée, mais encore associer indignement la force brutale à la lâcheté la plus impie, que de tourmenter ainsi les ministres d'une religion qui achevait d'arracher le monde à la barbarie.

Hugues fut excommunié ; nul chrétien ne devait plus lui dire, salut : ni lui donner le baiser ; personne ne devait le recevoir dans sa maison ni manger à sa table...

Le comte résista; mais le moment d'une lutte contre l'autorité religieuse était mal choisi : Urbain II ne travaillait-il pas alors à rapprocher entre elles les nations chrétiennes, en les conviant à une nouvelle croisade? Le vicaire du Christ s'était dit : « Puisque les fleuves de sang ne tarissent pas, essayons de les détourner. » Il allait donc passer les Alpes et parcourir la France, en s'adressant à toutes les sympathies guerrières et religieuses de l'époque, afin de les intéresser à la délivrance des lieux saints.

Le comte Hugues lui-même ne devait pas être sourd à l'appel chevaleresque du pontife, et il regrettait amèrement que ses violences, jointes à de mesquines discussions d'intérêt, l'eussent séparé de l'Église, en lui aliénant d'ailleurs les populations de ses propres domaines. C'est dans ces sentiments qu'il fit implorer en sa faveur la miséricorde du pape. Celui-ci se laissa fléchir; mais le comte dut confesser publiquement qu'il avait agi injustement, et apposer son nom au bas d'un acte où cet aveu était consigné: ce qu'il voulut faire au tombeau même de Saint Remi, où il se rendit nu-pieds et accompagné de ses trois fils, Gervais, Manassès et Baudoin!...

Ce dernier était un gentilhomme aussi vaillant que pieux, et il était prédestiné à de grandes choses. On croit donc que, tout en déplorant les tracasseries parfois arbitraires et quelque peu haineuses auxquelles les siens étaient en butte, le jeune homme avait lui-même imposé au comte son père l'amende honorable qu'il avait faite au tombeau de l'apôtre des Gaules. En effet, ce qu'on sait de la vie de Baudoin porte à inférer qu'il voyait alors dans le clergé le recours naturel des peuples contre l'oppression et la violence, et qu'il eut volontiers sévi lui-même contre le pouvoir féodal, quand il abusait de ses droits ou ne savait pas en faire usage.

L'année suivante, Baudoin prit la croix avec son cousin Godefroy de Bouillon et un grand nombre de seigneurs ardennais.(1) En même temps, le comte Hugues complétait sa réconciliation en faisant des largesses à divers couvents, et notamment en fondant au village d'Omont, qu'il avait acquis du comte de Champagne en échange de Sainte-Ménehould, un prieuré qu'il fit dépendre de l'église de Laon. Il abandonna également à l'abbaye de Silve-Majeur les villages de Novi et de Barby, « *avec le maïeur, sa famille et tous les habi-*

(1) Baudoin fut le troisième roi de Jérusalem. Il mourut le 21 août 1131, après un règne glorieux de quatorze années, laissant le trône à Foulques-le-Jeune, comte d'Anjou, son gendre.

tants. » — Ainsi disposait-on alors, non-seulement des terres, mais aussi des citoyens qui les habitaient; les premières étaient des immeubles, et les seconds des meubles.

Gervais, dont on fait le 10e seigneur de Mézières fut le successeur de Hugues; il occupa également le siège épiscopal de Reims, au préjudice de Raoul Levert, prélat dont l'élection avait été confirmée par le pape Paschal. En Gervais, décédé sans postérité, s'éteignit, l'an 1124, la première race des comtes de Rethel. (1)

Hugues Ier avait eu de Mélisende de Monthléry, entre autres filles, Mathilde, mariée à Eudes de Vitry. De cette union était né Witer ou Guy, à qui revenait le comté, mais qui n'en prit possession qu'après avoir longtemps bataillé avec les gendres de ses oncles qui n'avaient laissé que des filles.

Witer était un jeune et bouillant seigneur, qui la lutte plaisait assez, et qu'on accusa bientôt de toutes sortes d'exactions et méfaits sur les vassaux de l'abbaye de Saint-Remy.

C'était revenir à de vieux mais sûrs griefs.

Witer fut excommunié.

Et, comme son aïeul, pour rentrer dans le giron de l'Eglise, le comte dut s'engager solennellement à plus de *modération*, notamment envers les habitants de Sault, de Boizy et de Boulzicourt, auxquels il fit remise des *corvées de bras* et *de chevaux*, des droits de *gîte*, de *sauvement* et autres, qui lui appartenaient exclusivement.

Quoiqu'il fût relevé de l'anathème, au moins pour

---

(1) Outre la prévôté ou seigneurie de Mézières, le comté de Rethel comprenait alors celles de Raucourt, du Châtelet, de Bourg, de Brieulles-sur-Bar, d'Omont, etc.

oasoirement, (1) Witer intimidé comprit qu'il devait faire plus encore, afin de mettre sa conscience tout-à-fait en repos, et de s'épargner la punition éternelle d'une vie longtemps indépendante et quelque peu licencieuse. Il consacra donc une partie de ses biens à des fondations religieuses ; et, à partir de ce moment, il montra personnellement une si grande piété qu'il fut surnommé le *Dévot*. Ajoutons que Witer fut suivi dans cette voie par plusieurs de ses grands vassaux, puisque, par acte du mois de février 1132, Héli, entre autres, châtelain de Mézières, et Ode, son épouse, abandonnèrent à l'abbaye de Sept-Fontaines la *hobette* du Runi, « *avec toutes ses appartenances et dépendances, champs, bâtiments, colons, etc.*

Les terrains concédés étaient de *4 bonniers* 1/2 d'étendue, c'est-à-dire de 60 arpents, et avaient été défrichés par les soins des religieux, qui fondèrent bientôt les villages de Fagnon et de Neuville, en donnant eux-mêmes des terres à cultiver aux colons de leurs nouveaux domaines. (2)

Parmi ceux des établissements dûs à la munificence intéressée de Witer, nous devons citer l'abbaye de Laval-Dieu, fondée en 1128, et celle d'Elan, qui date de 1148. On parle encore de la magnificence de

(1) Aux termes de l'acte de soumission souscrit par Witer, l'excommunication dont il avait été frappé, devait reprendre son effet à la première plainte que feraient les hommes de l'Eglise, si le comte ne leur rendait pas justice dans la quinzaine.
(JOLIBOIS, *hist. de la ville de Rethel*, p. 22.)
(2) Selon divers historiens, 60 arpents constituaient alors la quantité de terrain pouvant être cultivée annuellement au moyen de deux bœufs, ou d'un *joug*. Ce nom de *joug* ou *jour*, donné, dans les Ardennes, à une ancienne mesure agraire valant, selon les localités, 60 ou 80 perches, c'est-à-dire les 3 ou 4 cinquièmes de l'arpent, représentait, dit-on, le travail quotidien d'une charrue pendant la saison des labours. Quoi qu'il en soit, il est remarquable que la concession faite par le châtelain de Mézières aux religieux de Sept-Fontaines ait retenu son nom primitif de *hobette* : La Hobette est en effet un hameau dépendant de Warnécourt.

l'église de cette dernière maison, qui devint une sépulture de famille pour les successeurs du comte.

Les chroniques nous apprennent qu'en 1154, et après avoir pourvu à tous les frais de construction, d'appropriation et d'installation que l'abbaye d'Elan avait nécessités, Witer abandonna aux religieux qui venaient d'y être appelés tout ce qu'il possédait dans les environs, tant en terres qu'en bois, avec le droit de faire paître leurs bestiaux dans les plaines, « *jusqu'au chemin qui va d'Omont à Donchery par Sapogne,* » plus « *la pêche dans la rivière de Bar, etc, etc.* »

L'année suivante, Witer donna également la collégiale de Braux aux moines de Novi, et le village de Villers-le-Tilleul au prieuré d'Omont, le tout, d'après les actes de donation souscrits par le comte, du consentement de la comtesse Béatrix, sa femme, et de ses quatre fils, Hugues, Manassès, Albert et Baudoin, qui furent ainsi associés gratuitement aux bénéfices d'une expansive générosité.

Sans prétendre blâmer le zèle souvent peu éclairé auquel obéissaient les comtes de Rethel, alors qu'ils s'occupaient de fondations pieuses en vue de leur salut personnel, nous devons regretter que ces puissants potentats aient négligé si longtemps ce qu'on peut appeler les utilités positives, et que partout le commerce, l'administration, les métiers, soient restés dans un état de stagnation déplorable. La ville de Mézières elle-même, qui pouvait acquérir une grande prospérité, grâce à sa position sur la Meuse, était délaissée par ses nobles maîtres, qui n'y faisaient que de rares apparitions, et qui songeaient moins alors à améliorer le sort de leurs vassaux qu'à faire de leurs châteaux des forts inexpugnables.

VI. Pourtant, voici venir, vers 1160, Manassès IV, qui voulut bien s'occuper de notre cité, en y fondant, par une charte en date à Attigny du 16 des calendes d'octobre 1176, une chapelle placée sous la protection de Saint-Pierre, et où Guillaume *aux blanches mains*, archevêque de Reims, à qui le comte fit don de la nouvelle chapelle, installa 13 chanoines dotés d'autant de muids de grains...

Mais au lieu de faire de cette fondation pieuse l'occasion d'une visite à la ville intéressée, et d'y multiplier sous ses yeux les travaux qui enfantent le bien-être; au lieu de chercher à prendre sur le fait les abus d'un pouvoir déféré à des châtelains rapaces ou ineptes; au lieu de venir étudier sur place les besoins des populations, et de leur accorder le droit de *commune*, ainsi que le roi Louis-le-Gros et quelques seigneurs commençaient à le faire dans leurs domaines, Manassès guerroyait constamment au dehors. L'une de ses plus fameuses expéditions fut même celle de Laon, où il fit précisément tous ses efforts pour arracher aux habitants de cette ville la charte des franchises municipales concédées par le roi!...

Heureusement, le monarque intervint en faveur des *communiers*, « qu'on dut laisser en paix et possession du droit acquis. »

Furieux de cet échec, le comte de Rethel alla mettre son épée au service du comte de Hainaut et défendit le château de Lambeck contre les agressions du duc de Brabant.

En 1199, Manassès IV, qui avait contracté des dettes considérables et aliéné au profit de l'église de Reims, « moyennant 40 liv. et le prix de la coupe de Givry, » le droit de construire des fours banaux à Viel-Saint-Remy, Tannay, Pont-à-Bar et Bairon, ne s'en joignit pas moins aux seigneurs de Coucy et de Rosoy pour ruiner les domaines de l'évêché. Les historiens prétendent que le roi Philippe-Auguste approuvait, même ostensiblement, ces regrettables excès, et qu'il avait personnellement à se plaindre de l'église de Reims, « pour ce que ceste église avait refusé peu auparavant de l'assister en la guerre qu'il eut contre les Flamands. » — Aux doléances des chanoines lésés, le monarque répondit donc « qu'il les assisteroit de ses prières, comme ils avoient fait naguère à son occasion. » (1)

« Le roy, ajoute un autre annaliste, ne tint pas pourtant sa cholère : car Rigordus nous asseure qu'il mit sur pied des bonnes troupes au chemin de Soissons, résolu d'entrer sur les terres de ces comtes pour faire cesser leurs brigandages, mais qu'ayant sceu son approche, ils lui vindrent au-devant, et ayant donné des ostages, restituèrent volontairement à l'église de Reims ce qu'ils avoient usurpé par la force. » (2)

Manassès IV mourut peu après cette expédition et eut pour successeur Hugues II, son fils, dont le Mémoire de Châtillon fait le 12e seigneur de Mézières, Arches et Château-Regnault.

Hugues II, disons-le, montra tout d'abord quelques instincts généreux, qui le portèrent à transformer la maladrerie de Rethel en un vaste hospice, qu'il confia à des religieux de son choix. Hugues affranchit également les terres du pricuré de Novi et celles de l'abbaye de Saint-Remi, des droits de *chevauchée* et d'*hospitalité*, droits en vertu desquels les comtes souverains pouvaient en tout temps parcourir lesdites terres et y être hébergés, où et quand bon leur semblait, avec leurs équipages, leurs chiens et leurs oiseaux de proie... Hugues étendit les mêmes priviléges à Ger-

(1) LE LONG, *Hist. du diocèse de Laon*, p. 281.
(2) MARLOT, *Hist. de la ville, cité et université de Reims*, t. III, p. 496.

son, à Terron-les-Vendresse, à La Francheville, etc., se réservant uniquement, pour le temps de guerre, le droit de gîte *personnel* dans les villages de Juniville, Pauvre, Givry, Alland'huy, Pont-à-Bar, Tannay, Bairon et Viel-Saint-Remy, « *et de manière à ne pas ruiner les habitants.* » Enfin, Hugues II octroya des chartes d'affranchissement aux villages de Novi, Barby, Omont, Amagne, Le Chesne, Corny-la-Ville, Faux, Lametz, Lucquy, Sault, etc.

On le voit, outre qu'il possédait un certain esprit d'organisation, Hugues II avait compris les besoins de son époque. Seulement, il n'admettait pas, avec un de nos rois, *qu'étant Francs de nom, nos pères devaient être francs de corps*; mais il concédait volontiers cette précieuse *franchise* qui devait tirer les populations de leur état de misère et pour ainsi dire de bestialité, en les rendant plus actives, plus industrieuses, plus entreprenantes; — il la concédait, parcequ'elle était une spéculation à son profit !

En effet, indépendamment des revenus principaux qu'elles lui assuraient plus ou moins légitimement, les chartes octroyées par Hugues II lui en constituaient de secondaires, et qui n'étaient pas sans importance, grâce aux curieuses dispositions que le comte avait su annexer au pacte féodal.

Voici quelques-unes de ces dispositions :

« Quiconque aura été surpris, la nuit, dans le jardin d'autrui, payera 60 sols d'amende, ou il perdra l'oreille, à sa volonté. — La femme qui dira des vilenies à une autre, payera la même amende, si mieux elle n'aime porter pierre en sa chemise, à la procession du dimanche. » (1)

(1) Ces pénalités ridicules, dont on retrouve l'origine dans la *Loy de Beaumont*, nous rappellent celles aux termes desquelles les habitants d'un village du canton de Mézières ayant atteint un âge

Suivant le Mémoire de Châtillon, Hugues aurait eu pour successeur le comte Jean de Rethel, son fils. Mais il y a là une erreur que M. Sénémaud (1) a rectifiée, en donnant, d'après les chartes existant dans les archives du département, la liste complète des premiers comtes de Rethel. On voit d'ailleurs que, par un acte du mois de décembre 1216, transcrit au cartulaire de la collégiale de Saint-Pierre de Mézières, Félicité, comtesse de Rethel, « *de l'assentiment de Hugues, son mari* (Hugues II) *et de Hugues* (dit Huart), *son fils aîné, fait don à ladite maison d'un cens de 13 sols et 6 deniers.* » Le nom de Hugues II et celui de la comtesse Félicité de Beaufort, son épouse, paraissent également dans plusieurs actes des années comprises entre 1220 et 1227, actes portant cession de biens à l'abbaye d'Elan.

Il est très-vrai, ainsi que le mentionne le Mémoire cité, qu'après la bataille de Bouvines, en 1214, des troupes de Flamands effrayés se retirèrent sous le château de Mézières pour y être en sûreté, qu'ils y construisirent des habitations, et que Jean de Rethel, troisième fils du comte Hugues II, leur accorda des priviléges et le droit d'échevinage ; mais, en cela, Jean agissait uniquement comme châtelain de Mézières, titre qu'il paraît n'avoir résigné qu'en 1225, en prenant possession des seigneuries de Chastelar et de Saint-Hillier, situées dans la prévôté d'Epernay. Et, en effet, dans un acte de 1232, où il approuve la

---

déterminé, étaient tenus de se rendre en chemise, chaque année, le 1er mars, au lever du soleil, sur une hauteur voisine ; tous devaient rester là une heure, sans parler, mais seulement répéter : *Mars ! Mars !* « A quoy s'ils défaillent, disent les chartes, ils sont tenus de payer au seigneur 7 sous et 6 deniers de défaut. » Aujourd'hui encore, quand on veut berner les jeunes gens du village dont nous venons de parler, on leur demande s'ils vont toujours *saluer le Mars.*

(1) *Revue historique des Ardennes*, 1864, p. 14.

XXXIII

vente *que Robin de Mairy et son épouse Adeline reconnaissent avoir faite à l'église de Laval-Roy de tout ce qu'ils avoient dans les dîmes grosses et menues à Benignicourt,* (1) Jean de Rethel est qualifié de « chevalier de Saint-Hillier et de Chastelar. » Il avait épousé Marie d'Oudenarde, et, suivant l'abbé de Camps, il mourut sans lignée. Enfin, il est établi que Hugues II mourut en 1228, (2) et qu'il eut pour successeur immédiat Hugues III, son fils aîné, surnommé *Huart* du vivant de son père.

A cette époque, les habitants de plusieurs villes du Nord étaient parvenus à s'associer pour leur défense mutuelle, et avaient obtenu de leurs seigneurs respectifs la concession d'une charte communale ou convention réglant les droits et les obligations de chacun. Ceux de Mézières reçurent au mois d'août 1233 cette précieuse charte de liberté et d'affranchissement, qui leur permit d'élire leurs magistrats, d'élever des remparts (de compte à demi avec leur seigneur), de prendre femme partout où bon leur semblait, « sauf parmi celles appartenant au château ou au seigneur d'Orchimont, » enfin de demeurer auprès de Mézières « en deçà d'une demi-lieue, et d'y jouir des mêmes priviléges qu'en la ville. »

Il est vrai de dire qu'en échange des immunités octroyées par lui, Hugues III avait stipulé à son profit certains avantages qui n'étaient nullement à dédaigner.

Ainsi, tout bourgeois de Mézières était tenu de porter à son moulin de la porte d'Ardenne le grain

(1) Archives départementales, *Cartulaire de Signy*, p. 316.

(2) Hugues II et la comtesse Félicité de Beaufort furent inhumés dans l'église de l'abbaye d'Elan. Lors de la démolition de cette église en 1820, on y voyait encore leurs mausolées, placés dans une chapelle à la gauche du chœur.

dont il voulait faire farine. Au comte Hugues aussi, et à ses successeurs, devaient appartenir les amendes civiles prononcées par le juge, en cas de rixes, injures et sang répandu. Le seigneur de Mézières nommait également aux offices de commis aux portes, de pêcheurs, de charrons et charpentiers, etc., etc.; il se réservait en outre de donner les places aux halles et marchés, et avait droit de péage ou de passe sur chaque setier de méteil ou de seigle exporté ; et s'il mariait sa fille ou envoyait son fils à la guerre, les bourgeois et habitants lui devaient compter une somme de 100 liv. parisis... Enfin, on trouve en tête de la charte de Mézières un arrentement à la charge annuelle de « *deux sols rémois ou parisis,* » arrentement qui devait être acquitté « au jour Saint-Remy, chef d'octobre, sous peine de deux autres sols et demi d'amende. »

C'était là ce qu'on appelait payer son domicile. Les seigneurs ne vendaient pas précisément leur protection à beaux deniers comptants, mais ils en recevaient le prix au moyen d'annuités perpétuelles. Aussi juraient-ils volontiers le maintien des *privilèges* qu'ils accordaient. Hugues III fit comme les autres, tout en paraissant uniquement se préoccuper des intérêts de ses vassaux, et acquiescer en cela à leur propre volonté.

Voici, suivant l'interprétation que M. Sénémaud en a donnée, la fin de l'acte qui constitua Mézières en état de commune :

« Lesquelles déclarations, franchises, libertés,
» immunités ci-dessus spécifiées, nous et Jean notre
» fils, nous engageons par serment inviolable de faire
» tenir, entretenir et observer à perpétuité, sans
» pouvoir revenir par la suite contre la teneur de la
» présente chartre, sous aucun prétexte, raison

» simulée, et avons à l'observation que dessus obligé
» sous les mêmes serments et engagements tous nos
» hoirs, successeurs, et ayant-cause, et pareillement
» nos deux frères Jean et Manassès, écuyers, Baudoin,
» seigneur d'Autry, notre châtelain de Mézières, Bau-
» doin, seigneur d'Orchimont, Nicolas Dugast, sei-
» gneur de Stone, Regnauld, seigneur d'Arches,
» Nicolas de Condé, Baudoin, seigneur de Coucy,
» Poitevin de Guignicourt, Regnaud, seigneur de
» Saint-Loup, Chilo, seigneur de Seuil, et Claram-
» bauld, seigneur de Roussy, nos écuyers et vassaux
» et féaux conseillers d'épée, ont juré de faire obser-
» ver tous et un chacun les articles ci-dessus, selon
» leur forme et teneur, etc. »

Par les dispositions qu'elle renferme, autant que par les noms des personnages qu'on y fait intervenir comme garants de ces dispositions, la charte de Mézières est un des monuments les plus curieux de l'histoire du pays. (1) Elle assurait des avantages au seigneur, mais elle savait aussi poser des limites à son arbitraire ; enfin, elle offre les statuts primordiaux de la ville, puisque le seigneur y concède aux habitants le droit de choisir des échevins qui devaient gérer les affaires de la *communauté* et assister le prévôt du seigneur dans ses plaids, c'est-à-dire former avec lui le tribunal ayant à connaître de tous les délits ou simples contraventions. Pour nous, la charte de Mézières révèle même ce fait considérable de l'existence dans les Ardennes, aux 11e et 12e siècles, d'un corps de coutumes particulières, connu de tous. « S'il arrive, est-il dit dans cette charte, quelque cas qui n'ait pas été prévu et ne puisse être décidé par

(1) La minute de la charte communale de Mézières est conservée dans les archives de la ville ; elle est écrite sur vélin *« et scellée en queue avec soie torse rouge, vêtue des armes du seigneur d'un côté, et de l'autre d'un homme à cheval, tendant le bras, l'épée nue à la main. »*

icelle, il sera réglé par les échevins, *suivant la coutume du pays.* »

Nos pères n'étaient donc pas alors étrangers à cette sorte de législation usuelle qui avait survécu ailleurs à la ruine de l'empire romain ? — Nous devons le croire, et admettre qu'en s'agitant pour obtenir leurs chartes d'affranchissement, les populations ardennaises n'avaient qu'un but, celui de revenir à une organisation antérieure, dont la tradition leur avait fait apprécier vaguement les avantages.

Quoi qu'il en soit, c'est à partir de ce moment que Mézières commença à prendre rang parmi les villes de France. C'est de cette époque aussi que date sa première enceinte de murailles, qu'on fit partir du château, et qui alla, en suivant, vers l'Est, les côtés de l'isthme formé en cet endroit par la Meuse, aboutir au canal du moulin, où s'éleva la porte dite des Ardennes (aujourd'hui la porte Neuve). En même temps s'organisait par l'élection, conformément à la charte communale, le conseil tutélaire des échevins, qui fut composé de quatre bourgeois des plus notables, et chargé, non-seulement de gérer les affaires de la cité, mais encore d'administrer la justice, conjointement avec le châtelain ou gouverneur faisant, dans ce cas, office de prévôt. De leur côté, quatre autres notables, « tous natifs de Mézières, » et choisis par le comte, suppléaient le gouverneur quant à la défense de la place. Ces fonctionnaires avaient le titre de maîtres de ville et toutes les attributions des châtelains en leur absence, c'est-à-dire le droit de « *faire faire guet et garde tant de jour que de nuit; faire ouvrir et fermer les portes, ponts et barrières, etc.* » Enfin, Mézières fut partagée en huit quartiers, à chacun desquels était attachée spécialement une compagnie bourgeoise, ayant son capitaine placé sous les ordres immédiats des maîtres de ville.

VII. — Pour les populations tant de fois surprises par des invasions soudaines, la grande affaire était de s'entourer de murailles et de pouvoir les défendre. Les monastères mêmes eurent alors leurs remparts, les églises leurs créneaux !... Il est donc à croire que la protection accordée aux réfugiés flamands, après la bataille de Bouvines, et les *faveurs* auxquelles le comte Hugues III faisait participer les étrangers, notamment en les exemptant, comme les autres citoyens, de l'*obole de la bûche*, ne furent pas les seules causes de l'accroissement de Mézières, et que cet accroissement date surtout de l'époque à laquelle l'enceinte de la ville fut construite. Nous avons la preuve de ce fait dans l'extension donnée à la Collégiale de Saint-Pierre, en 1238, par l'archevêque Hervé, qui dota le chapitre de 36 nouvelles prébendes.

On voit en effet qu'en cette même année, la Collégiale de Mézières, fondée dans le double but de favoriser la culture des lettres dans le pays et de fournir des prêtres aux paroisses du voisinage, eut un personnel qui nécessita l'augmentation de son cloître.

Hugues III mourut en 1244, n'ayant plus alors qu'une fille, la comtesse Marie, qui ne lui survécut que de deux ans, et à laquelle succéda Jean de Rethel, son oncle, et non son frère, comme l'ont écrit plusieurs historiens, d'après le mémoire de Châtillon.

On a de Jean Ier une charte de 1244, portant concession du terroir de *Vendresse-sous-Omont* aux habitants dudit lieu, et le texte, en langue vulgaire, d'un acte du mois de septembre 1245, où il *avoue* tenir à foi et hommage-lige, de Thibaut, comte de Champagne, les terres et seigneuries dépendant du comté de Rethel, « *fors Maizières le chastel et les fiez de Vilers, Warnécort, Novian, Ellers,* » et quelques autres terres dont il était souverain, notamment Arches et

Château-Regnault, « qui ne dépendaient pas du comté de Rethel, étant un démembrement de celui de Castrice. » (1)

Suivant M. Sénémaud, la création d'un Hôtel-Dieu, à Mézières, se rapporterait au temps de Jean Ier. « Sans la faire remonter au 12e siècle, dit-il, comme nous l'avons lu dans les notes fournies à l'Intendant de Champagne, nous croyons que l'on peut, sans crainte de trop s'écarter, assigner la fin de la première moitié du 13e siècle à la fondation de cet établissement. » (2) A l'appui de son opinion, M. Sénémaud cite des lettres d'indulgence datées de 1323, et qui ne laissent aucun doute à cet égard.

De son côté, M. Chevalier, (3) en mentionnant l'existence d'un hôpital de Mézières au 13e siècle, dit positivement que le produit des donations faites à la table des pauvres fut employé à la construction de l'édifice, et qu'avant 1300, on avait pris des dispositions pour recevoir les vieillards et les infirmes.

Quoi qu'il en soit, en 1249, Jean Ier donna à l'abbaye de Signy « quelques franchises dans la seigneurie de Mézières et autres terres. » (4) Il partit ensuite pour la Terre-Sainte avec le roi Saint-Louis, ce qui ne nuisit en rien à la prospérité de notre ville, où des règlements conçus dans un sens d'émancipation et de progrès, continuèrent à retenir les artisans que la sécurité de la place y avait attirés. Il en fut de même sous les trois successeurs de Jean (Gaucher, Manassès V et Hugues IV), qui confirmèrent les immunités accordées précédemment à la ville.

En 1290, le comté de Rethel passa dans la maison

(1) Mémoire de Châtillon.
(2) Revue historique des Ardennes, 1864, 1er vol., p. 36.
(3) Notice historique sur Mézières. — Manuscrit.
(4) Manuscrit de l'abbé de Camps.

de Flandre, par le mariage de Jeanne, fille de Hugues IV, avec Louis de Flandre.

Cette fois, les échevins et les maîtres de ville de Mézières ne se bornèrent pas à maintenir leurs droits et priviléges, en les faisant ratifier par le nouveau comte : ils en demandèrent la confirmation au roi Philippe-le-Hardi, qui la leur accorda.

Malheureusement, un violent incendie vint, en 1308, traverser ces prospérités : le château, l'église qu'il renfermait, la Collégiale, le cloître et ses dépendances, et jusqu'aux titres primordiaux des chanoines, tout fut détruit !... Vinrent ensuite les troubles civils occasionnés par des révoltés flamands, qui voulaient l'indépendance absolue de leur province, troubles qui pesèrent lourdement sur le Rethélois, le nouveau comte s'étant mis de sa personne à la tête des séditieux. Le même état de choses se renouvela également sous Philippe-le-Long, qui alla jusqu'à faire confisquer le comté de Rethel tout entier, réservant uniquement une pension alimentaire pour la comtesse Jeanne...

Ce ne fut qu'en 1320 que la paix se fit entre Philippe et Louis. Un mariage, celui de Marguerite, fille du roi, et de Louis, fils aîné du comte, paraît avoir été le sceau, ou plutôt le mobile de cette réconciliation, qui devait être suivie de nouveaux troubles.

En effet, Louis Ier mourut le 23 janvier 1322 ; le 8 novembre suivant, Louis II, à qui le vieux comte Robert de Flandre, son aïeul, venait également de laisser la succession de ses états, était arrêté à Paris, puis enfermé, non au Châtelet, comme son père, mais au Louvre même : le roi Charles-le-Bel ne voulait pas que le jeune héritier « *prît sitôt possession de ses domaines, dont une portion revenait à son oncle, Robert de Cassel.* »

Les choses ne devaient s'arranger « *qu'à Noël,* »

au moyen d'un arrêt de la cour des pairs, qui donna gain de cause à Louis II, mais qui ne put empêcher les Flamands, révoltés cette fois contre leur suzerain, de le tenir, à leur tour, bloqué dans son propre château de Bruges... qu'on appela « *une prison courtoise.* »

Il en fut ainsi à diverses reprises, et jusqu'en 1346, époque à laquelle Louis II parvint à échapper à la *courtoisie* de ses sujets, et alla mourir à la bataille de Crécy, n'ayant fait que de courtes apparitions dans ses domaines de France.

Pourtant on voit qu'en 1339, Louis II établit les *grands jours* de Nivernais, tribunal suprême qui siégeait deux fois l'an. Par une charte du mois de janvier 1330, il régla également les droits de ceux des habitants du *Chesne-le-Populeux*, qui dépendaient de la seigneurie de ce village ; enfin la célèbre abbaye d'Élan lui dut la fondation *à perpétuité*, suivant acte du mois de février 1340, « de quatre messes quotidiennes à dire pour lui et pour sa famille, le tout moyennant cent livres de rente à prendre en partie sur le marché de Rethel. »

Sous Louis III, qui succéda à Louis II, son père, Mézières eut de nouveau à souffrir toutes sortes de maux, nés des troubles civils, des dilapidations scandaleuses des deniers publics et de l'insuccès de nos armes contre les Anglais. Privée de commerce et accablée de taxes, elle s'épuisa, mais ne se découragea pas. Le pillage dont elle était sans cesse menacée fut même, pour ses habitants, un dernier motif d'attention apportée à l'entretien de leurs fortifications. Et lorsque, dans l'insolence de la victoire, le roi d'Angleterre vint, en 1359, assiéger la ville de Reims, manifestant l'intention de s'y faire couronner roi de France, la vieille cité ardennaise fit bonne contenance devant les coureurs ennemis. Ces derniers s'étaient d'abord établis à Attigny, et de là, dit Froissart, (1) « chevauchèrent à grand'routes pour trouver adventures, par toute la comté jusques à Donchery et à Mouzon, et se logeoyent au pays trois jours ou quatre et déroboyent tout. »

Dans la seule province de Champagne, plus de soixante châteaux étaient tombés au pouvoir des Anglais et des hordes de routiers qui les accompagnaient. C'est dire que les campagnes avaient été ravagées, que la ruine et l'épouvante étaient partout...

Et c'étaient là, paraît-il, en ce qui concerne le comté de Rethel, les effets d'une rancune à laquelle Louis III avait donné lieu en épousant Marguerite de Brabant, alors qu'il était fiancé à Isabelle d'Angleterre, fille du roi Edouard III ! (2)

Nous comprenons l'affront fait, en cette occasion, au vainqueur de Crécy ; mais les populations restées étrangères à ce méfait de leur seigneur, n'en devaient nullement supporter les conséquences. Du reste, le jeune comte ne se piquait pas lui-même de beaucoup d'aménité à l'égard de ses vassaux de Champagne et des Ardennes, dont il usait les forces vives par les redevances ridicules auxquelles il les assujétissait. Financier émérite, non seulement Louis III obligeait les habitants du Rethélois à *s'avouer* de ses terres, et à lui payer, à ce titre, un droit fixe pour sa protection, mais il exploitait jusqu'à leurs plus mauvaises passions, et allait jusqu'à imposer à son profit exclusif les querelles que ses agents ne manquaient pas d'exciter entre les tenanciers et les simples manants de ses domaines.

(1) Liv. 1er, 2e part., ch. CXIV.
(2) En témoignage de la satisfaction que lui avait fait éprouver ce mariage, Philippe de Valois accorda à Louis III, le 27 août 1347, des lettres-patentes qui érigeaient temporairement en pairie les comtés de Rethel et de Nevers.

Dans les comptes dits de la *Conté de Rethel*, on lit en effet : « *qu'un nommé Sinaudin, ayant battu un des hommes de corps de Monseigneur, dut amender le méfait en se composant à la somme de XL franz valant XXXII liv.* »

Les mêmes documents nous apprennent encore que, sous ce comte, les habitants de Brieulles avaient à fournir *constamment* un garde-étang, chargé de défendre le poisson du vivier de Monseigneur contre les oiseaux et les loutres !

Louis III mourut le 9 janvier 1384, à Saint-Omer, poignardé par le duc de Berry, à la suite d'une vive discussion au sujet de la mouvance du comté de Boulogne. Il avait fait fortifier Donchery en 1348, et acquis, par acte du 23 avril 1380, « la ville et châtellenie de Warcq. » Sa fille, Marguerite de Flandre, hérita des immenses domaines de son père, qui passèrent alors dans la maison de Bourgogne, par suite du mariage de Marguerite avec Philippe de France, dit le *Hardi*, quatrième fils du roi Jean.

On ne voit pas que le nouveau comte, devenu un des plus puissants seigneurs de France, ait beaucoup fait pour la prospérité particulière de la ville de Mézières. Comme tant d'autres, Philippe Ier se borna à donner son adhésion pure et simple à l'ordre de choses établi. Ainsi, un de ses actes, daté du 30 avril 1387, confirme les habitants dans la possession de l'*îlot* du pont d'Arches. Par lettres du mois de juillet 1397, Philippe ratifia également les titres constitutifs des chanoines de la Collégiale de Saint-Pierre ; et par celles du mois de janvier 1400, il reconnut et déclara laisser intacts les droits et privilèges que ses prédécesseurs avaient accordés à la ville.

Conserver leur maison commune, leurs échevins municipaux ; avoir, comme par le passé, la garde des

portes et des clefs de la cité, tel avait été jusque-là le rêve des Macériens, qui savaient d'ailleurs se rendre dignes de la protection royale, par l'empressement qu'ils mettaient à s'acquitter des charges exceptionnelles que les circonstances faisaient parfois peser sur eux. Pourtant, on voit qu'en 1405, ils se joignirent aux autres habitants du Rethélois pour *représenter* à Philippe II, fils de Philippe Ier, qu'ils se trouvaient dans l'impossibilité de parfaire le paiement des aides, ou subsides extraordinaires consentis par le comté et payés à l'Etat « pour le faict de la guerre. » Philippe en référa au roi Charles VI, qui voulut bien, par acte du 29 décembre, accorder au Rethélois tout entier l'exemption des aides, « *reconnaissant que depuis le*
» *temps que lesdits aydes ont eu cours en icelluy pays,*
» *chacun veut s'en absenter pour demeurer ès-pays*
» *voisins qui sont francs... Et mêmement,* ajoutent les
» lettres royales, *que de jour et de nuict leur convient*
» *continuellement faire guais pour les gardes des villes*
» *de Maisières, de Varc, de Donchery-sur-Meuse, qui*
» *sont villes fermées sur frontières et sont clefs de notre*
» *royaume, ce qui leur est moult grande charge... si*
» *notre grâce ne leur estoit sur ce pourveu.* » (1)

La *grâce* de Charles VI n'alla pas jusqu'à l'octroi gratuit du privilége ; mais les 5,000 *livres* que le Rethélois dut verser annuellement, à titre de compensation, furent le plus souvent abandonnées au comte, qui en faisait remise aux habitants.

Suivant le Mémoire de Châtillon, la ville de Mézières était alors peuplée de « quantité de gens de condition, » à qui Philippe accorda, par lettres du mois de décembre 1412, le pouvoir d'être faits échevins de la ville, mainbourgs de la paroisse de l'Hôtel-Dieu et de la table des pauvres, « à la condition néanmoins qu'aux

(1) Archives de la ville.

dits cas, ils seroient de la juridiction des échevins de Mézières, et en tous les autres de celle du bailly de Rethélois. » Le même ouvrage cite, entre autres personnages ayant leur domicile dans la place, le seigneur de Semeuse, messire de Bassignon, « lequel fonda la messe du jour dans l'église paroissiale, moyennant 1242 livres qui furent employées aux fortifications de la ville, du côté de Saint-Julien, au moyen de l'obligation que contractèrent les habitants de faire acquitter cette messe aux désirs de ses fondateurs. »

Malheureusement, la démence de Charles VI, jointe aux excès de la féodalité, allait livrer la France à la merci des partis et des Anglais. Pendant de longues années, ce fut une suite continuelle de batailles et de siéges meurtriers, où l'on arriva à manger les chevaux et les chiens... (1) Partout les terres incessamment pillées restèrent sans culture. Dans le Rethélois, dont le comte était allé mourir à la bataille d'Azincourt, après avoir combattu pour la cause des ducs de Bourgogne, ses parents, les loups affamés parcouraient librement les villages dépeuplés par la peste et par la famine. En certains endroits, les épidémies firent de tels ravages que, pour les inhumations, on se bornait à des fosses communes, où s'entassaient les corps à peine poudrés de terre. Tout travail, toute vie, toutes relations avaient cessé à ce point, parmi les populations abruties par la misère, que les collecteurs de tailles en étaient arrivés à suspendre leurs recouvrements !

En effet, on trouve à la suite d'un registre de la Cour des Comptes le passage suivant, relatif à la composition du comté de Rethel : « Est à noter que » depuis ladite année mil quatre cent et treize,

(1) Au siége de Rouen, en 1418, le boisseau de blé se payait 500 fr.; un chat valait 60 fr.; un rat, 40 fr.; une souris, 6 fr.

» jusques à l'année mil quatre cent cinquante-trois
» ne se trouvent comptes rendus en la chambre des
» comptes, du fait de ladite composition, au moyen
» des guerres, et que, durant ledit temps, le comté
» de Rethélois a esté és mains des ennemis de la
» couronne de France. »

La ville de Mézières devait partager le sort commun : elle fut ruinée, non par le pillage des armées, qui ne pénétrèrent pas dans ses murs, mais par l'inaction forcée de ses habitants, qui ne pouvaient, suivant Monstrelet, « *que crier misérablement à Dieu créateur, vengeance !* » L'excès même des calamités dont souffraient les populations devait amener une réaction, qui se fit attendre, il est vrai, mais qui fut aussi complète que possible, grâce à l'énergique intervention du roi Louis XI.

VIII. — On sait que, sans comprendre le bien public d'une manière beaucoup plus désintéressée que ne le comprenaient les grands seigneurs de France, le successeur de Charles VII rêvait un grand nivellement social, un trône assis sur l'égalité devant la loi et les impôts. En permettant au chef de l'Etat d'accroître son pouvoir, la réalisation de ce programme devait préparer l'unité du gouvernement dans tout le territoire, et y assurer le règne de l'ordre et d'une justice régulière. Le monarque mit donc tous ses soins à détruire le prestige de la noblesse en s'appuyant sur la bourgeoisie et en flattant « *les gens de petit état,* » et parvint ainsi à ramener à son obéissance immédiate un certain nombre de provinces.

En 1468, Louis XI, depuis longtemps aux prises avec le comte de Charolais, devenu duc de Bourgogne, prit le parti hasardeux d'aller trouver son ennemi à Péronne, où il espérait en avoir raison au moyen d'artifices qui lui étaient familiers. Mais là, prisonnier de son hôte, qui venait d'apprendre sa complicité avec les Liégeois révoltés contre l'autorité du duc, le monarque, tout confus, dut suivre ce dernier à Liége même, et ne recouvra la liberté qu'après avoir été témoin du sac de cette ville....

Pour se soustraire à la brutale vengeance de leur seigneur irrité, un grand nombre de familles liégeoises, se souvenant de l'ancienne voie suivie, en 1214, par leurs compatriotes de Bouvines, vinrent se réfugier à Mézières ; et c'est ainsi que Louis XI, cause involontaire de la ruine de ces malheureux exilés, voulut assister à leur installation dans notre cité, en s'y arrêtant personnellement à son retour de Liége.

Trop nombreux pour trouver à se loger dans l'enceinte de la place, les nouveaux citoyens de Mézières durent s'établir dans les faubourgs, et notamment dans celui de Bertaucourt, dont la population dépassa alors 300 habitants, et où l'on construisit immédiatement un couvent de Cordeliers.

La protection toute particulière accordée par le roi aux réfugiés liégeois devait s'étendre à toute la ville, qui conserva en effet ses priviléges et la garde de ses portes, et qui reçut même de nouvelles fortifications. Le commerce s'y fit également sur une grande échelle, par suite des relations que nouèrent les nouveaux venus avec les industriels de leur ancienne patrie.

Les réglements qui datent de cette époque, et dont on retrouve le texte dans les archives de la mairie et chez divers habitants de la ville, nous font connaître les nombreux métiers qui furent alors exercés à Mézières, réunis sous le nom commun de *ferriers*, ou de *ferronniers*, métiers placés sous la protection du saint évêque-orfèvre, et parmi lesquels on distinguait ceux d'armuriers, de taillandiers, de daguiers, de boucliers, de coutelliers, d'éperonniers, de tréfiliers, de cloutiers, etc.

La proximité de la forêt des Ardennes et ses produits en bois et en écorces de chêne donnèrent aussi une grande importance au commerce de Mézières, où l'on compta jusqu'à 40 tanneries. (1) De plus, à la même époque, cette ville eut des fabriques de serge, des brasseries de cervoise et un marché où les blés n'étaient soumis à presque aucune des taxes ordinaires. Enfin, la fondation, en 1499, de l'église Notre-Dame, monument remarquable dont les habitants firent seuls les frais, atteste surabondamment l'importance que Mézières avait acquise à la fin du 15e siècle. (2)

Mais la guerre allait de nouveau traverser ces prospérités.

Dès l'année 1521, une querelle de Robert de la Marck, prince de Sedan, avec l'empereur Charles-Quint, exposa la vieille cité à un siége mémorable ; une fois encore le pays fut ravagé, tandis que la ville, valeureusement défendue par ses habitants et par deux mille hommes de troupes aux ordres de Bayard, résista aux attaques réitérées de 40 mille Impériaux que le comte de Nassau et Frantz de Sickingen avaient amenés sous ses murs.

Et pourtant, « moult faible et batable estoit la place ;
« mais si fist le bon chevalier merveilleuse diligence
« de la remparer. Et pour donner couraige aux mas-
« sons et pionniers, charpentiers, gaignes-deniers,
« porte fais, luy-mesme, et tous ses gentilshommes

---

(1) *Archives de la Préfecture*, Mémoire pour le rétablissement du marché aux grains. — La population de Mézières peut être évaluée, pour cette époque, à 12,000 habitants. Il est au moins certain qu'au commencement du siècle suivant, celle de Mouzon, « la seconde ville de la frontière, » était de 10,800 habitants. *(Mémoire produit au Congrès archéologique de France, en 1861, par M. l'abbé Défourny.)*

(2) Jusqu'à ce moment, une petite église, située dans le faubourg Saint-Julien, avait suffi aux besoins du culte.

« ordinairement portoient terre et pierres sur leur
« dos, et la plus part de la nuyt. » (1)

Nous trouvons ces renseignements dans les *Gestes du Preulx chevalier Bayart*, par Symphorien Champier, rarissime ouvrage, publié en 1525 et reproduit dans les *Archives curieuses* de Cimber et Danjou (1re série, t. II, p. 162-176). Un autre mémoire, également peu connu, (2) nous apprend que les ennemis avaient en batterie 58 pièces de canon, la plus grosse ayant « XXXII pouces de rondeur, et de pesanteur IIIICCXII livres (3) ; » qu'ils étoient, d'une part, « logiez et cam-
« pez environ le Moulinet au-devant de Moncy-Notre-
« Dame en tirant jusqu'à Wautrincourt (Saint-Laurent)
« et Rommery ; d'aultre part du costé de Mohon en ti-
« rant au moulin Leblanc » ; enfin qu'ils « battirent
« fort un pan de murailles, entre la tour de Mohom
« et la tour Jolie, ensemble la porte ardennoise,
« mais qu'ils n'y fissent auculnement bresche pour y
« faire passer un homme et ne fussent sy hardy que
« de eulx essayer de bailler un assault. »

« Et fault savoir, dit le même narrateur, que pour
« canoniers y avoit dedans la dicte ville, Jacques
« CLOSSET, commissaire accompagné de plusieurs
« aultres ouvriers esquels y avoit ung nommé NIARE,
« lequel faisoit merveille de tirer. »

On le voit, ce n'est pas d'hier que datent la bravoure et l'aptitude martiale des habitants de Mézières.

Le siége avait commencé « ung vendredy, penul-
« tième jour du mois d'aoust, et mesmement fut levé

---

(1) Les travaux ordonnés par Bayard consistaient notamment en *cavaliers*, dont le principal s'éleva sur une butte de l'ancien château.
(2) Voir, dans la *Chronique de Champagne*, t. IV, p. 86, le texte complet de ce document, dû à une intéressante communication de M. Jean Hubert.
(3) Suivant Mézeray, c'est là que furent lancées les premières bombes dont l'artillerie ait fait usage.

« ung aultre vendredy, XXVIIe jour du moys de
« septembre, au dit an mil cinq cent XXI. »

La perte des assiégeants était de 3.000 hommes, et celle des assiégés, « *de 15 personnes, tant grands que petits.* »

Ajoutons qu'un stratagème imaginé par Bayard n'avait pas peu contribué à hâter la retraite des Impériaux. Voici comment le bon chevalier fut amené à recourir à cette ruse de guerre, que les historiens ont diversement interprétée.

Le lundi 23 septembre, un convoi de vivres et munitions, suivi d'un renfort de mille hommes de pied envoyés par le roi François 1er, était entré dans la place par l'île de Saint-Julien, le tout à la grande stupéfaction des généraux ennemis, qui commençaient à ne plus s'entendre entre eux. Le lendemain, Bayard était informé de cette division, et dès le jeudi 26, il écrivait à Robert de la Marck, seigneur de Sedan, cette lettre fameuse, qu'un paysan se laissa prendre à dessein, à sa sortie de Mézières :

« Monseigneur mon cappitaine !

« Je croy qu'estes assez adverty comme je suis
« assiégé en cette ville par deux endroits ; car d'un
« costé est le comte de Nansso, et deçà la rivière le
« seigneur Francisque. Il me semble que, puis demy
« an, m'avez dit que vous voulez trouver moyen de le
« faire venir au service du roy nostre maistre, et
« qu'il estoit vostre alyé. Pour ce qu'il a bruyt d'estre
« très-gentil galant, je le désirerais à merveilles,
« mais si vous cognoissez que cela se puisse conduyre,
« vous ferez bien de le savoir de luy, mais plustost
« aujourd'hui que demain. S'il en a le vouloir, j'en
« serai très-ayse ; et, s'il l'a autre (sinon), je vous
« advertiz que, devant qu'il soit vingt et quatre
« heures, luy, et tout ce qui est en son camp sera

« mis en pièces ; car à trois petites lieues d'icy viennent
« coucher douze mille Suysses et huyt cens hommes
« d'armes ; et demain, à la pointe du jour, doivent
« donner sur son camp, et je ferai une sailly (sortie)
« de ceste ville par un des costez ; de façon qu'il sera
« bien habile homme s'il se sauve Je vous en ay bien
« voulu advertir ; mais je vous prie que la chose soit
« tenue secrète. » (1)

On sait le reste ; Sickingen, se croyant trahi par le comte de Nassau, qui l'avait placé dans un poste dangereux pour y être écrasé, se hâta de repasser la Meuse « *en bruslant son camp et maison, tellement qu'il en sortit avant le jour.* »

« Ainsi, dit le Loyal serviteur, par la manière que
« dessus avez ouy, fut levé le siége de devant Maizières,
« où le bon chevalier sans paour ni sans reproche,
« acquist couronne de laurier ; car bien qu'on ne
« livrast nul assault, il tint les ennemys trois sept-
« maines durant en aboy, pendant lequel temps le
« roy de France leva grosse armée, et assez puissante
« pour combattre ses ennemys, et vint lui-mesme en
« personne dedans son camp, où le bon chevalier lui
« alla faire révérence, et en passant reprit la ville de
« Mozon. Le roy son maistre luy fist recueil mer-
« merveilleux et ne se pouvoit saouller de le louer de-

---

(1) Extrait de la collection des Mémoires relatifs à l'histoire de France de MM. Petitot et Montmerqué, où se trouve « *la très-joyeuse, plaisante et récréative histoire, composée par le loyal serviteur, des faits, gestes, triomphes et prouesses du bon chevalier sans paour et sans reproche, le gentil seigneur de Bayard.* » Les chapitres LXII et LXIII de cette histoire, qui est réellement pleine de charme, de couleur et de vie, sont reproduits dans l'intéressante notice que M. Lavoine a donnée sur Mézières, dans son *Annuaire de 1834* : nous en recommandons la lecture à ceux qui aiment les vieux et nobles récits. M. Le Roux de Lincy a également recueilli et publié sur le siége de Mézières en 1521 (*Recueil des Chants historiques français*, t. II, p. 68 à 77), des couplets du plus haut intérêt : nous y renvoyons le lecteur.

« vant tout le monde. Il le voulut honnestement ré-
« compenser du grant et recommandable service
« qu'il luy venoit freschement de faire ; il le fist che-
« valier de son ordre, et luy donna cent hommes
« d'armes en chef. » (1)

Le nom de Bayard est resté populaire à Mézières, où les habitants l'associent pieusement au souvenir de la délivrance de leur ville. La fête à laquelle donne lieu, chaque année, l'anniversaire de cette délivrance, dit assez d'ailleurs quel cas on fait, dans la vieille cité, de la pudeur du sol et de l'intégrité du territoire. Du reste, la frontière ardennaise tout entière peut revendiquer aussi sa part dans l'heureuse issue de l'invasion de 1521, car en joignant leurs efforts à ceux de Bayard pour la défense de leur ville, les habitants de Mézières avaient de courageux auxiliaires dans les habitants des villages voisins, qui ne cessaient de harceler les troupes ennemies.

Nous verrons bientôt si, en présence des mêmes dangers, les Ardennais du 19e siècle, citadins et campagnards, se montrèrent dignes de leurs aïeux du 16e.

François 1er, qui s'était avancé de Reims sur l'Aisne pendant les derniers jours du siége, fit son entrée à Mézières le 30 septembre, avec cette magnificence qui était le principal élément de sa vie. Le roi-chevalier, comme on l'appelait alors, avait une suite nombreuse de gentilshommes « richement accoutrez, » et il ne quitta la ville qu'après plusieurs jours, qui furent consacrés à des réjouissances publiques, ayant d'ailleurs ordonné divers travaux de fortifications

(1) Les hommes d'armes donnés à Bayard, après le siége de Mézières, ont leurs noms gravés sur le socle de la statue du bon chevalier, élevée à Grenoble en 1822. Les Ardennes sont dignement représentées dans cette liste d'honneur, où l'on trouve, entre autres noms illustres, celui de Charles de Chabrillan.

qui devaient faire de la place un poste avancé contre les invasions futures.

Mézières eut dès lors pour gouverneurs les capitaines de Réfuge et Montmoreau, qui s'étaient distingués pendant le siége, et qui commandèrent dans la place pour le roi, sous l'autorité immédiate du lieutenant-général de Champagne. (1)

L'action des comtes de Rethel allait ainsi s'amoindrissant; et du reste la famille de ces comtes, devenue suspecte au roi, avait alors pour chef un enfant au berceau, François de Clèves, fils de Charles de Clèves, décédé le 27 août 1521, prisonnier dans la tour du Louvre. La politique de Louis XI était ici trop pleinement justifiée pour ne pas être continuée par le chevaleresque vainqueur de Marignan. Seulement, en saisissant le commandement de la ville de Mézières au nom du roi, les nouveaux gouverneurs durent compter avec les maîtres de ville, et déclarer à ces fidèles gardiens du pouvoir municipal, « *qu'ils ne préjudicieroient en rien à leurs droits et priviléges.* »

L'acte portant cette déclaration est du 19 juin 1524, et il paraît avoir été pour Mézières l'occasion d'une *joyeuse entrée*. Il est au moins certain que, pour gagner la bienveillance de l'intendant du monarque, les échevins de Mézières appelèrent ce fonctionnaire dans leurs murs, et qu'ils lui firent présent de « *deux pièces de vin, de quatre muids d'avoine et de deux douzaines de chapons.* »

Que voulez-vous? ces sortes de présents étaient dans le goût du temps; et les bons habitants de Mézières tenaient à bien faire les choses, heureux de penser que les garanties données à leur ville ne seraient jamais violées.

(1) Voir pour la succession des capitaines-gouverneurs de la place, le Mémoire de M. de Châtillon, inséré dans la *Revue historique des Ardennes*, t. 1ᵉʳ, p. 121 et suivantes.

IX. — En 1545, François Ier revint de nouveau à Mézières, et en fit augmenter les fortifications, auxquelles les habitants continuèrent à travailler pendant les années 1550 et 1551. Le 1er juillet 1552, Henri II, accompagné de la reine Catherine de Médicis, vint à son tour activer les travaux et encourager les travailleurs.

Charles-Quint était alors devenu maître de l'Espagne, des Pays-Bas et de l'Allemagne; et, depuis la mort de François Ier, le César espagnol sentait renaître ses espérances de conquête sur la France. De là l'obligation pour Henri II de visiter la frontière du Nord et d'en faire occuper divers points par des garnisons nombreuses, aguerries et bien commandées. C'est ainsi qu'à Mézières, « *Ouart* (Warcq) *et ès-environs,* » les compagnies des vieilles enseignes de Villefranche et Boisseron avaient été réunies à celles des gendarmes de Montpensier, Châtillon, Bourdillon, etc. De leur côté, Rethel, Château-Porcien et Attigny étaient protégées par les légions du maréchal de La Marck ; enfin, à Beaumont, Mouzon, Le Chesne, Maubert-Fontaine, Donchery et Montcornet, étaient échelonnées les compagnies des seigneurs d'Aubigny et de La Roche du Maine, celles du comte de Nantreuil et des capitaines de Gourdes, Glanay et La Lande.

« Ces garnisons assises, dit un annaliste du temps,
» sembloit que desjà le populaire de la frontière se
» fust enforcé et redoublé de courage ; et n'y avoit
» depuis les grands jusques aux petits, qui ne se pré-
» parassent de prendre les armes, pour non-seule-
» ment se défendre des ennemis, mais pour davantage
» les aller chercher : journellement couroient les uns
» sur les autres, desmontrant un présage d'une
» cruelle et longue guerre. » (1)

(1) François de Rabutin. — *Chroniques du Panthéon littéraire.*

LIV

La promptitude avec laquelle ces mesures avaient été prises permit à Henri II de prendre l'offensive, en pénétrant dans la Lorraine, dont Charles-Quint revendiquait la souveraineté ; et ce fut en vain que le vieil empereur se présenta devant Metz à la tête d'une puissante armée : Henri II garda sa conquête. Mais les habitants des villes et des bourgs de la frontière durent rester sur le qui-vive, et chercher à accroître de plus en plus leurs moyens de défense. Dans cette circonstance, ceux de Mézières recoururent à un emprunt de 1,000 livres, qu'ils contractèrent le 27 mars 1553 : ce qui leur valut, conformément aux lettres-patentes du 6 août suivant, le droit de bâtir dans les *places vides encore*, sans payer de cens ou de rente foncière au seigneur. Le produit de cet emprunt servit notamment à réparer « la tour Milard » et à construire, sur divers points, des mâchicoulis, merlets et tourelles. Enfin, on croit que ce fut alors que la partie haute de la ville, longtemps négligée, se couvrit de canonnières.

En effet, on ne connaissait guère que depuis l'époque du siége tout l'avantage des positions militaires dominantes, et en faisant remonter au milieu du 15e siècle la construction des ouvrages dits de l'*As de pique*, la tradition ne fait que corroborer les inductions de l'histoire.

Tandis que les travaux indiqués s'exécutaient à Mézières, Charles-Quint, qui avait toujours sur le cœur son échec de Metz, parvenait à lancer une armée dans l'Artois, où tout fut mis à feu et à sang. « Et estoit publié par toute la France, dit la chronique
» déjà citée, que l'empereur dressoit grands amas de
» soldats et toutes provisions devers les contrées de
» Liège et ès-Ardennes, pour descendre du costé de
» Champagne, et proposoit assiéger la ville de Mé-
» sières, ayant establY celles de Marienbourg et
» Avesnes pour magasins et estappes. Parquoy le

» seigneur de Bordillon, qui lors estoit à la cour, fut
» là soudainement renvoyé, afin de donner l'ordre de
» musnir et renforcer ceste petite ville de tout ce que
» de besoing pour attendre leur venue. »

Mais, cette fois encore, le projet du tenace empereur échoua, grâce à la vigoureuse initiative du roi Henri II. Loin d'être assiégée de nouveau, Mézières devint, au mois de juin 1554, le rendez-vous d'une armée aux ordres de François de Clèves, redevenu comte de Rethel, (1) armée qui glissa de là, comme par miracle, à travers les défilés réputés inaccessibles de la Semoy. François de Rabutin nous apprend en effet, « *qu'au desloger de Mézières*, le duc alla camper à
» l'entrée des Ardennes, en une vallée assez scabreuse
» et malplaisante (celle de Viel-Mesnil — aujourd'hui
» *Neufmanil*), » et que le lendemain, l'armée franchit la rivière « au val de Surada (Sorendal, — commune des Hautes-Rivières), pour aller, au partir de là, bastre et destruire les chasteaux d'Orcimont, de Gédine et Villarzies, » repaires éternels et inviolables de routiers et de soudards espagnols. En même temps, deux autres corps, dont l'un avait quitté Maubert-Fontaine le 23 juin, envahissaient brusquement les Pays-Bas, où l'armée ennemie fut longtemps réduite à l'inaction. La victoire de Renty, remportée sous les yeux du roi, couronna cette expédition, que suivirent de près l'abdication et la mort du monarque espagnol.

Toutefois, les hostilités ne semblaient être que suspendues, et les villes de notre frontière durent

(1) Par transaction en date du 1er juillet 1525, la possession du comté de Nevers avait été assurée à François de Clèves et à sa mère, Marie d'Albret, et celle du comté de Rethel à Odet de Lautrec et à Charlotte d'Albret, sa femme. Mais en 1549, Claude de Foix, héritière de Lautrec, étant décédée sans postérité, François rentra dans l'héritage de son père. Il était alors gouverneur de Champagne, et avait été créé duc et pair, à l'occasion de son mariage avec Marguerite de Bourbon.

rester sur le pied de guerre, afin de tenir à distance les nouvelles bandes organisées par Philippe II.

C'est ainsi qu'en 1560, Mézières, qui avait déjà ajouté à ses vieilles milices communales une compagnie dite de la *Jeunesse*, eut, de plus, un corps de *Chevaliers de l'Arquebuse*, qui ne fit que remplacer, il est vrai, une ancienne corporation connue sous le nom d'*Arbalétriers de St-Sébastien*.

Toujours préoccupés de la défense de leur ville, les Macériens n'avaient pu, jusque-là, pourvoir à ses embellissements. Mais à partir de l'année 1566, époque à laquelle le comté de Rethel échut à Henriette de Clèves, épouse de Louis de Gonzague, Mézières changea entièrement de physionomie : aux vieilles maisons bâties en pans de bois succédèrent, sur différents points, de solides constructions en pierre, que le nouveau comte mit en grande faveur, en bâtissant, pour son propre compte, un château dont il dirigea lui-même les travaux.

En effet, le palais des Tournelles (ainsi se nomma le château édifié par Louis de Gonzague) fut élevé sous les yeux de ce seigneur, qui montra une grande sollicitude pour la ville, et qui y séjournait avec une suite nombreuse et brillante, dont les dépenses étaient pour le commerce une source de prospérités. Cette construction, que l'imagination seule peut restaurer aujourd'hui, occupait l'emplacement de l'aile droite de l'hôtel de la Préfecture et celui d'une partie de la rue actuelle de ce nom. Dans son ensemble extérieur, elle affectait la forme italienne et comprenait divers pavillons élevés dans le style le plus pur et le plus délicieux de la renaissance. A l'intérieur, les appartements durent être décorés avec toute l'élégance, toute la recherche de moulures, d'écussons et d'emblêmes qui caractérisaient l'ornementation des édifices civils de cette époque.

LVII

C'est dans le palais des Tournelles de Mézières, alors à peine achevé, que furent célébrées, « *sous d'heureux auspices,* » (1) le 26 novembre 1570, les noces de Charles IX avec Elisabeth d'Autriche, fille de l'empereur Maximilien II, noces où l'on mangea, dit-on, le premier dindon apporté du Mexique.

« La princesse, dit une relation du temps, se mit en chemin le 24ᵉ jour d'octobre, pour venir en France : elle était accompagnée de l'électeur-archevêque de Trèves, de l'évêque de Strasbourg, du marquis de Baden, du comte de Zolern et de quelques compagnies de reistres. Comme la saison était fâcheuse, le roy pour procurer moins de peine et de fatigue à la princesse et à sa suite, s'avança jusqu'à Mézières pour la recevoir et envoia jusqu'à une lieue au-delà de Sedan au devant d'elle pour lui faire compagnie, le duc d'Anjou, le duc d'Alençon, ses frères, et d'autres seigneurs et gentilshommes, qui vinrent avec la nouvelle reine coucher à Sedan, d'où ils partirent le samedi 25 novembre et arrivèrent à Mézières le même jour. A l'entrée de la reine, à Mézières, il se fit une décharge de tous les canons : les dix compagnies de la garde du roy bordoient les murailles et ne cessoient de faire feu... »

« Le dimanche matin, on partit pour faire les épousailles à l'église. Et d'abord marchoient dix-sept rangs de lansquenets de la reine, trois à chaque rang. Ensuite les suisses du roy, ceux de Monsieur et ceux de M. le duc suivoient les tambours, trompettes, hautbois et violons. Suivoient les gentilshommes en grand nombre, ensuite les chevaliers de l'ordre, puis les gens du conseil du roy et les ambassadeurs ; les

---

(1) Mots empruntés à une inscription commémorative, gravée sur une table de marbre, dans une des deux maisons qu'on fit servir de dépendances au palais, en les reliant à l'hôtel-de-ville, au moyen d'une galerie en charpente.

quatre héraults d'armes : le marquis de Badé entre MM. d'Aumale et de Montmorency, l'évêque de Strasbourg entre le prince dauphin et M. de Longueville, le cardinal de Guise et M. de Montpensier, le cardinal de Lorraine et le duc de Lorraine, les deux huissiers de la chambre, au milieu M. de Guise portant le bâton de grand-maître ; le roi aiant à la main gauche l'électeur de Trèves et le grand chambellan ; la reine menée et soutenue par Messieurs frères du roy, la reine mère et les princesses. Le pavé étoit couvert de drap qui fut donné aux pauvres après la cérémonie. Le cardinal de Bourbon, archevêque de Rouen, reçut à l'entrée de l'église le roy et la reine...

« La messe dite, on s'en retourna dans le même ordre que l'on étoit venu à la salle du festin roial. Le lendemain qui étoit le lundi et le mardi suivant furent continués les festins et réjouissances. Leurs Majestés firent de grands présents aux seigneurs allemands qui s'en retournèrent, puis le roy et toute la cour se rendit à Paris, où le roy fit une superbe entrée. » (1)

Humain et généreux, Louis de Gonzague avait compris les besoins de son époque. Outre son palais des Tournelles, dont la construction fit affluer l'argent dans le pays, la ville de Mézières lui dut le pavage de ses rues, et les bourgs du Rethélois un grand nombre d'utiles institutions, entre autres celle des *Rosières*, qui assurait annuellement à soixante jeunes personnes des plus vertueuses une dot de 50 *livres*. Louis de Gonzague fonda également le collége des Minimes de Rethel, à l'entretien duquel il affecta le produit de la chapelle de l'hôpital de Mézières et celui d'un autel à Warcq, à Vrigne-aux-Bois, à Charbogne, à Sommepy, etc. Enfin, on voit qu'en 1580, il augmenta les revenus de la collégiale de St-Pierre de Mézières.

(1) Manuscrit de Lévêque-Laravallière. — *Chronique de Champagne*, t. IV, p. 90.

Préoccupé surtout de l'invasion possible de ses domaines des Ardennes et de la Champagne, Louis de Gonzague avait, en 1578, fait remontrer au roi :
« *Que Maisières, la seule ville frontière qui soyt for-*
» *tiffiée, laquelle ne l'estoit encore que bien peu, estant*
» *située sur la rivière de Meuse ; de sorte que si elle*
» *estoit perdue, avec ce que l'usage de la rivière de*
» *Meuse seroyt entièrement livré à l'ennemy, par laquelle*
» *il peut toujours ravitailler une armée, jusques à la*
» *rivière de Marne, en vivres du Pays-Bas, ledit pays*
» *le Rethelois seroyt perdu et pourroyt l'ennemy éten-*
» *dre ses limites jusques à la rivière d'Ayne, de façon*
» *que toutes les autres villes des frontières, comme*
» *Mouzon, Donchery et Rocroy, qui sont derrière,*
» *seroyent entièrement perdues, à cause qu'elles ne*
» *tirent vivres que dudit pays.* » (1)

La démarche du comte avait pour but de démontrer la nécessité d'ajouter aux fortifications de Rethel, et, à cet effet, d'obtenir du roi l'abandon de la grosse taille de cette ville, avec les droits d'entrée et de sortie des vins pour celle de Mézières : ce que le roi Henri III accorda par acte du 18 février 1579, et pour une durée de douze années. Mais les guerres de religion empêchèrent l'exécution de cette mesure.

X. — La Saint-Barthélémy n'avait point eu à Mézières, ni dans aucune des villes du Rethelois, le funeste retentissement qui la continua sur certains points de la France. Seulement, en 1575, cette ville dut être comprise parmi celles où les calvinistes pouvaient exercer librement leur culte ; mais les habitants, qui voyaient dans les religionnaires des apostats et des sujets rebelles, les forcèrent à s'éloigner. Cet ostracisme pouvait attirer de grands malheurs sur la ville, car les nouveaux sectaires faisaient de nombreux

---

(1) Archives de la ville de Rethel.

prosélytes, et ils exerçaient parfois de cruelles représailles. Heureusement, ceux des calvinistes à qui la ville de Mézières était donnée comme place d'assurance, se trouvèrent avoir pour chef le prince de Condé, beau-frère du comte de Rethel. Ce dernier put ainsi *modérer* le ressentiment et prévenir les intentions hostiles de ceux que l'intolérance de ses vassaux avait si mal accueillis, et qui s'en allèrent bientôt guerroyer dans le Bourbonnais.

En 1581, le comté de Rethel fut érigé en duché-pairie. En 1583, le 7 juin, le nouveau duc recevait à Mézières le roi Henri III, qui avait conservé sur le trône une certaine prédilection pour notre ville, et qui venait y *prendre les eaux de Spa*. Un jeu de mail avait été construit dans la prairie d'Arches, à l'intention du jeune monarque, qui en donna, dit-on, les matériaux aux Cordeliers de Tivoli, quand vint pour lui le moment de retourner à Paris. Ce moment fut hâté, paraît-il, par les intrigues de la Ligue, étrange faction qui s'était formée en France pour la prétendue défense de la religion catholique, et qui menaçait alors le pouvoir royal.

En effet, l'année suivante, le duc de Guise, Henri de Lorraine, autre beau-frère du duc de Rethel, quittait la cour pour se retirer en Champagne, dont il avait obtenu le gouvernement, et il n'était bruit en France, cette fois, que du projet, formé par le duc, de s'emparer de la personne même du roi, pour l'enfermer dans un couvent, « *ainsi qu'avait fait de Childéric son encêtre Peppin.* » En vain Henri III essaya-t-il de maîtriser les événements, en se déclarant chef de la Ligue : au mépris des traités, la guerre éclata bientôt entre les *politiques*, ou partisans du roi, et les Ligueurs, que soutenait au moyen de subsides réguliers Sa Majesté le roi d'Espagne, guerre cruelle, qui avait la religion pour prétexte, et qui allait avoir la France entière pour théâtre !

Dès le mois de mai 1585, le duc de Guise installait à Mézières une garnison ligueuse, et demandait aux magistrats municipaux un serment de « *fidélité à Dieu et à la religion catholique.* » Ce serment, que le duc avait obtenu de Louis de Gonzague, ne paraissait nullement attenter à l'obéissance due au roi ; d'ailleurs il devait prévenir des excès qu'il fallait redouter avant tout : les bons Macériens le prêtèrent... Mais bientôt on exigea d'eux une profession de foi plus explicite, plus solennelle et surtout plus générale : au moyen de signatures données à domicile, tous les habitants durent adhérer au *pacte d'union !* (1)

En même temps, le duc de Guise faisait sortir de la ville cinq pièces de canon, avec *poudre et boulets,* pour être dirigées, trois sur Donchery et deux sur Châlons.

Tels étaient les moyens de persuasion employés par la Ligue, à l'encontre des populations qui tenaient encore pour le roi Henri III, ou qui paraissaient s'intéresser à la réputation militaire de Henri de Navarre, devenu premier prince du sang depuis la mort du duc d'Anjou.

Après la mort du duc de Guise, assassiné aux Etats de Blois, le 23 décembre 1588, un capitaine de la Ligue, Montbeton de Saint-Paul, était parvenu à s'emparer du gouvernement de la Champagne et à placer des garnisons dans le Rethélois, le tout en vertu d'une commission émanant de Charles de Lorraine, duc de Mayenne, nouveau chef de la Ligue. La mort de Henri III, tombé sous les coups d'un fanatique, le 1er août 1589, ne changea rien à cet état

---

(1) Ordre du jour du 28 août 1587. Voir le Mémoire de Châtillon, *Revue historique des Ardennes,* t. 1er, page 131.

de choses, les Ligueurs ne voulant pas reconnaître pour roi Henri de Navarre, qui était calviniste. Gouverneur particulier de Mézières, St-Paul fit immédiatement restaurer les fortifications de cette ville, qu'il compléta par les ouvrages de la citadelle, ouvrages qui prirent la place du faubourg de Bertaucourt, et qui furent commencées le 23 mai 1590, grâce aux subventions fournies par le roi d'Espagne.

Privés alors de toute industrie et de tout commerce, par suite de la mise en état de siége de la place, les habitants de Mézières réclamèrent en vain contre l'érection de la citadelle, qu'ils ne voulaient pas devoir à l'or d'un roi étranger, et qui allait perpétuer la position malheureuse que les événements leur avaient faite ; mais on ne tint compte ni de leurs plaintes, ni de leurs sentiments patriotiques.

La ville de Rethel était également tombée au pouvoir des troupes de la Ligue, qui eurent dans le propre château du duc un magasin de munitions espagnoles. Enfin, dans toute l'étendue du duché, ce fut une suite incessante de rapines, de dévastations, de prises et de reprises de bourgs, de villages, de châteaux et de couvents, qui rappelèrent les plus mauvais jours du moyen-âge.

Détaché depuis longtemps du parti des Guises, dont il avait deviné les coupables intentions, Louis de Gonzague s'était retiré dans son château de La Cassine; mais son épée n'y fut point inactive, et il battit à diverses reprises les troupes pillardes du comte de St-Paul.

Pendant le mois de septembre 1591, le duc était occupé à faire, avec un corps de troupes royales, le siége du château d'Omont, lorsque Henri de Navarre vint lui-même camper devant la place. Obligé de guerroyer pour conquérir la couronne qui lui revenait par droit de naissance, le Béarnais s'était avancé sur l'Aisne pour y recevoir un corps auxiliaire d'Allemands. C'est en cette circonstance qu'il pointa si bien une pièce de canon mise en batterie, que, du même coup, furent tués le commandant de la garnison, un lieutenant et un enseigne. Ce fait entraîna la reddition du château. (1)

Mais tout n'était pas dit encore à propos d'Omont.

Le comte de St-Paul, menacé naguère d'être pendu avec une couronne ducale sur la tête, ne pardonnait pas au duc de Rethelois, dont il avait osé prendre le titre, l'affront qu'il lui avait fait en refusant d'agréer son fils comme gendre. Le 3 novembre suivant, quand déjà un grand nombre de places importantes avaient fait leur soumission au roi de Navarre, le gouverneur de Mézières fit donc partir de cette ville, avec ordre de reprendre le château d'Omont, une *chevauchée* nombreuse, pourvue de huit pièces de canons et de force engins de guerre. Le comte fit marcher aussi, pour cette expédition, la compagnie de la Jeunesse, qui fut la première à monter à l'assaut. La position du château sur un tertre escarpé rendait cet assaut des plus périlleux, car il fallait d'abord gravir la montée sous un feu terrible, puis disputer pied à pied, au milieu des décombres, le chemin ouvert par le feu des batteries : ce que nos braves Macériens firent sans hésiter, mais non sans joncher le sol de leurs morts...

Cette intrépidité frappa d'admiration les assiégés

(1) Le 11 octobre suivant, le futur roi de France assistait, à Sedan, au mariage de Turenne, qui fut le père du grand capitaine de ce nom, avec Charlotte de La Marck, et recevait, le lendemain, les clefs de la ville de Stenay, que le nouvel époux était allé surprendre, la nuit, avec une escorte composée de quelques gentilshommes dévoués. « Ventre-saint-gris ! dit Henri au comble de la joie, je serais bientôt maître de mon royaume si tous les nouveaux mariés me faisaient de pareils présents de noces. »

eux-mêmes, qui finirent par se rendre... trop tard, hélas ! car alors 65 jeunes gens, avec leur capitaine, Gérard Marteau, et un enseigne, nommé Colsonet, avaient payé de leur vie le stérile succès auquel ils venaient de contribuer si largement !

Le comte de St-Paul battit des mains au retour des troupes à Mézières ; mais, dans les familles de la ville, la consternation était extrême ; et nous croyons que, de son côté, la Sainte-Union eut peu à s'applaudir de la sanglante conquête qu'elle venait de faire.

En effet, la France déplorait de plus en plus l'acharnement de cette lutte fratricide, dans laquelle ses enfants s'entr'égorgeaient obstinément, les uns au nom de Dieu, les autres au nom du roi. Partout les cœurs honnêtes soupiraient après la paix, maudissant ceux dont les intrigues en retardaient la conclusion. Déjà même un certain nombre de villes avaient fait offrir à Henri de Navarre de le reconnaître pour roi ; et, en présence des Parisiens affamés, le gouvernement des Seize n'était pas éloigné d'en faire autant.

En attendant ce moment, le nouveau prince de Sedan, Turenne, se multipliait pour faire rentrer dans le devoir les places de la frontière encore occupées par des garnisons ligueuses et lorraines. De ce nombre furent Mouzon, Beaumont, Jametz, Dun, Yvois, etc.

Le 30 juin 1593, Turenne essaya de surprendre Mézières, alors signalée comme le refuge des derniers instigateurs de la résistance dans les Ardennes. « Le duc, dit un mémorialiste déjà cité, s'avança à la
» faveur de la nuit avec des troupes, espérant profiter
» d'une brèche qu'il imaginoit pouvoir faire au corps
» de la place par le moyen des poudres qu'il avoit
» fait jeter dans la tour du Moyneau à la gorge des
» bastions de Sedan. Mais le feu y ayant été mis, la

» tour seule fut emportée, et l'enceinte de la ville
» n'en fut point endommagée. »

Ces Ligueurs obstinés étaient les partisans et les officiers du comte de St-Paul, qui s'était fait nommer lui-même maréchal de France, et qui ne prolongeait la lutte qu'en vue du profit qu'il devait personnellement en retirer.

De son côté, le jeune duc de Guise, évadé le 15 août de la prison de Tours, où il était retenu depuis la mort de son père, ajoutait alors aux embarras de la France, et en particulier de la Champagne, dont le duc de Mayenne lui avait accordé le gouvernement, avec le comte de St-Paul pour lieutenant. Au lieu de travailler à la pacification générale du pays, par la répression des excès, le duc croyait avoir à s'occuper, avant tout, des moyens de *négocier* avantageusement sa soumission prochaine.

Déterminé par les conseils de sa mère et de son aïeule, l'héritier des Guises fit comme tant d'autres en cette circonstance : il joua de ruse en rompant avec le duc de Mayenne, qui persistait à entretenir des relations avec les Espagnols, et en paraissant se donner beaucoup de mal pour mettre les Champenois à la raison. Enfin, c'est en livrant au nouveau monarque les villes les plus inféodées à la Ste-Union, suivant le duc, c'est en répondant de Reims surtout que le jeune gouverneur voulait *traiter* avec Henri IV ! Dès le mois d'avril 1594, il arriva donc dans cette ville, où le comte de St-Paul s'était déjà installé, et qu'il voulait lui-même offrir au monarque, afin d'en obtenir la confirmation de son grade...

De là des conflits de toute sorte ; mais quoi que fît le duc, il ne put obtenir l'éloignement de son compétiteur, qui continua à commander ostensiblement dans la place, grâce à l'appui de ses nombreux partisans, grâce aussi à son grade de maréchal de France, qui le plaçait, disait-il, en dehors de l'action des gouverneurs de province.

Le duc de Guise dissimula son dépit... et attendit.

Le 20 du même mois, une vive discussion survint, en pleine rue, entre ces deux hommes, qui se prenaient de plus en plus en mutuelle défiance ; et cette discussion dégénéra promptement en querelle, puis en provocation, paraît-il, de la part du comte, qui arriva à mettre la main sur la garde de son épée. Ce geste malheureux exaspéra le duc, qui bondit aussitôt sur son adversaire, l'épée au poing, et qui l'étendit raide mort à ses pieds...

Ce tragique événement eut lieu devant le grand portail de la cathédrale, (1) et ne causa aucune émotion dans la ville, où, le matin encore, le maréchal comptait des *amis dévoués*. Ainsi que cela se vit tant de fois sous l'empire des passions versatiles du moment, le comte de St-Paul avait perdu toutes ses qualités en mourant : on alla jusqu'à le dépouiller de ses vêtements, et son corps resta ainsi, pendant plusieurs heures, dans les immondices de la rue, exposé aux insultes et aux railleries des passants !... Enfin, dans une lettre portant la date du 20 avril 1594, écrite à la duchesse sa femme, le duc de Mayenne lui-même dit textuellement « *que Montbeton vient d'être châtié de sa présomption et de son arrogance.* »

S'il faut en croire l'abbé Bouillot, Mme de St-Paul sortit le soir de Reims, accompagnée de ses deux filles,

---

(1) Le grand portail de Notre-Dame de Reims est décoré de nombreuses statues, parmi lesquelles se trouvent celles de St-Pierre et de St-Paul : ce qui fit dire à l'auteur d'un pamphlet spirituel et mordant, la *Satire Ménippée*, publiée par des bourgeois de Paris :

« Qu'on ne me parle plus d'un compagnon de guerre,
Tant soit-il valeureux, tant soit-il preux et fort,
Depuis qu'on a tué St Paul devant St Pierre,
Sans de lui regretter aucunement la mort. »

et arriva à Mézières, avec toutes ses richesses, avant qu'on eût appris la mort de son époux. (1)

Cette fuite, dans un pareil moment, peut s'expliquer par les évènements qui s'accomplissaient alors à Paris, où le roi Henri IV venait de faire son entrée, et où le Parlement réinstallé avait révoqué « *tous actes et serments donnés, faits et prêtés depuis le 29 décembre 1588, au préjudice de l'autorité du roi et des lois du royaume.* » On connaissait la lettre fameuse dans laquelle le nouveau roi déclare à Sully « *qu'il ne s'ar-*
» *restera pas à de l'argent avec ceux qui estoient liguez*
» *contre luy sous des prétextes généraux, aimant beau-*
» *coup mieux qu'il luy en couste deux fois autant, en*
» *travaillant avec chaque particulier, que de parvenir*
» *aux mêmes effets par le moyen d'un traicté général*
» *faict avec un seul chef.* »

C'était bien au Louvre, dans un coffre-fort, pour nous servir de l'expression de l'Etoile, que le Béarnais allait trouver les clefs des villes de son royaume. (2)

XI. — Mme de Saint-Paul, il faut bien le reconnaître, partageait l'ambition turbulente et quelque peu cupide de feu son mari, qui avait autrefois projeté de faire de la Champagne un petit royaume dont il aurait porté la couronne, grâce à la protection de l'Espagne. Ses premiers soins furent donc de se concerter avec es échevins de Mézières, et d'avoir leur avis sur les conditions auxquelles devait avoir lieu la *soumission* le la ville. Nous ignorons si dans l'allocation qu'elle

---

(1) Inhumés d'abord à Reims, dans l'église des Dominicains, les estes du comte de Saint-Paul furent ensuite transférés à Mézières, t déposés, suivant Bouillot, dans la collégiale de St-Pierre, suivant hâtillon, dans l'église Notre-Dame.

(2) On porte à 80 millions de notre monnaie actuelle les sommes ui durent être consacrées au rachat des provinces, des villes et hâteaux tombés au pouvoir de la Ligue : ce qui fit dire à Henri IV : Ventre-saint-gris ! mon royaume, on ne me l'a pas rendu, à moi, n me l'a vendu ! »

allait réclamer en compensation de la perte de ses espérances, elle entendait tout d'abord comprendre ce qui revenait à la ville, à raison de ses douloureux sacrifices ; mais nous pouvons affirmer qu'en ce qui les concerne, et sans oublier ce qu'il leur en avait coûté d'or et de sang en devenant Ligueurs, les habitants de Mézières se bornèrent à revendiquer le maintien de leurs priviléges « et religion, » heureux qu'ils étaient d'entrevoir le terme de leurs maux.

On voit en effet que, seuls, les jardiniers de l'ancien faubourg de Bertaucourt, dont les maisons avaient été abattues pour faire place à la citadelle, rappelèrent timidement à Mme de St-Paul l'engagement pris par son mari de les indemniser... « après la guerre. » Nous allons voir comment Mme de St-Paul *indemnisa* ces pauvres gens, comment aussi elle désintéressa le duc de Nevers, dont le feu comte avait usurpé le titre et touché les revenus.

Dès le mois de mai, Mme de St-Paul commença à traiter sérieusement de sa *soumission*, au moyen de propositions qu'elle fit mettre sous les yeux du roi, par l'intermédiaire d'Antoine Frémin, secrétaire des commandements de la reine, propositions où elle déclare solennellement « être prête à arrêter avec Sa Majesté les conditions définitives de leur traité. »

Une de ces conditions n'était déjà plus un mystère pour personne : Mme la maréchale offrait de faire le sacrifice de ses ambitions *désespérées* au prix de 80 mille écus (240 mille livres, ou près d'un million de notre monnaie actuelle), et demandait, en outre, le gouvernement de Mézières pour son fils!...

Le 22 octobre, le roi Henri IV écrivit à Frémin la lettre suivante, où perce le vif et louable désir d'en finir avec la cause des dissensions qui déchiraient depuis si longtemps la France :

« Fremyn, je vous sçais bon gré de la peine que
» vous continuez à prendre de conforter la dame de
» St-Paul en la volonté que j'ai sçu qu'elle est de me
» reconnoître et rendre obéissance, en se jettant avec
» ses enfants en ma protection; car vous faites en
» cela l'office, non-seulement de bon sujet et patriote
» qui a son honneur et devoir envers Dieu, son Roi
» et pays en singulière recommandation, mais aussi
» de vray et fidèle ami de ladite dame et de sa mai-
» son, ce qui vous tournera toujours à louange, tant
» pour l'affection que vous a portée feu son mari,
» que pour que cette œuvre est de foi très-bonne et
» digne d'un homme de bien. Or afin que ladite dame
» ait tant plus d'occasion de continuer en ce propos,
» et de l'effectuer, je suis content, m'ayant donné sa
» foy pour elle et son fils, de me remettre et confier
» du tout à elle de la garde de la ville et citadelle de
» Mézières, et partant en faire expédier le gouverne-
» ment au nom de son dit fils, à la charge qu'elle me
» répondra de la place, que non-seulement il n'en
» mésaviendra, mais aussi que j'y serai servi et obéi
» très-fidellement; moyennant quoy vous l'assurerez
» que j'aurai tel soin d'elle et de sa maison, qu'elle
» aura occasion de s'en louer davantage. Je suis
» content de lui accorder jusqu'à quatre-vingt mille
» écus pour la récompenser des frais que a fait son
» dit mary, tant à la fortification de ladite place, que
» en autres endroits et occasions qui méritent con-
» sidération; mais j'entends que sur ladite somme
» elle contente celui ou ceux qu'elle retiendra dedans
» ladite place pour la garder, qu'elle estimera mériter
» récompense ou gratification. Cette somme est si
» notable, même en cette saison, et lui confiant la
» garde de ladite place, que je m'assure qu'elle en

» recevra et reconnoîtra la gratification comme elle
» mérite. Pour le regard des autres articles dont il
» m'a été parlé de sa part, je m'en remettrai à la
» réponse faite au mémoire qui vous a été naguères
» envoyé, que je ferai effectuer pour vous dire que je
» désire que vous paracheviez ce service et que j'en
» aye réponse et assurance au plutôt comme vous
» l'avez par celle-cy, que je reconnoîtrai à jamais le
» devoir que vous y avez fait à notre avantage. Je
» prie Dieu, Fremyn, qu'il vous ait en sa sainte garde.
» Écrit à Paris le vingt-deuxième jour d'octobre mil
« cinq cent quatre-vingt-quatorze. » Signé : Henry.

On voit que ces sortes de négociations plaisaient au bon roi, et que, dans sa pensée, elles devaient lui rapporter plus encore que des batailles.

Toutefois, ce ne fut qu'au mois de mai 1595 que la reddition de Mézières put être consommée. Les articles définitifs, présentés par Mme de St-Paul, portent la date du 23 décembre 1594 ; ils sont réunis dans un Mémoire qu'on trouve, avec l'adhésion du roi, parmi ceux des manuscrits de la Bibliothèque impériale qu'a laissés le comte de Mesmes. En voici quelques extraits d'après le recueil de Levêque-Laravallière et la *Chronique de Champagne* :

« Le gouvernement de la ville et citadelle de Mézières sera donné au fils dudit sieur de St-Paul, à la charge que durant sa minorité, ladite dame de St-Paul répondra à Sa Majesté qu'il ne mésaviendra de ladite place....

» Sa Majesté accordera à ladite dame la somme de quatre-vingt mille écus pour remboursement des frais et dépens faits par feu son mari en la construction et fortification de la citadelle dudit Mézières....

» Les gens d'église, nobles et bourgeois de ladite ville et faubourg de Mézières rentreront en la possession et jouiront de leurs privilèges et franchises qu'ils ont accoutumé faire auparavant les troubles et seront remis en plaine jouissance de leurs biens et revenus avec révocation des dons que Sa Majesté, cour de Parlement, gouverneurs généraux et particuliers pourroient avoir fait, sans que l'on puisse rechercher aucune chose du passé....

» Ne seront ladite dame ni ses enfans recherchés ni inquiétés, pour raison de ce qui est du passé, tant pour surprise de ville, bourgs, châteaux, *abatement et bruslement de châteaux et maisons....*

» Toutes les munitions de guerre demeureront dans ladite citadelle pour la garde d'icelle, sans qu'elles puissent être transportées ailleurs, pour quelque raison que ce soit....

» Ladite dame reconnoîtra M. le duc de Nevers pour gouverneur de Sa Majesté, au gouvernement de Champagne et Brie, ainsi et comme ont accoutumé les gouverneurs d'icelle ville auparavant les troubles. »

La reddition de Mézières entraîna celle de Rethel, de Vitry et des autres places de la Champagne. De leur côté, Reims, Rocroi, St-Dizier, etc. s'étaient soumises dès le mois de novembre précédent, à l'instigation du duc de Guise, qui avait reçu, avec le gouvernement de la Provence repris au duc d'Epernon, une allocation de près de 4 millions de francs!... Le duc de Mayenne venait lui-même d'abandonner la coalition contre la France, en se faisant verser 3,766,826 livres!... « Il faut citer ces chiffres cyniquement exacts, dit un historien, pour apprécier l'esprit de ces temps et la conscience de ces grands seigneurs qui avaient tant combattu pour la gloire du catholicisme. »

Nous l'avons dit, Louis de Gonzague s'était depuis

longtemps rallié à la cause du roi Henri IV, qu'il servit tour à tour comme général, comme diplomate et comme surintendant des finances. Rétabli dans son gouvernement de Champagne par suite de l'accommodement souscrit par Mme de St-Paul, le vieux duc fut de nouveau placé à la tête des troupes envoyées en Flandre contre les Espagnols, qui venaient d'investir Cambrai. Son fils, Charles de Gonzague, à peine âgé de quinze ans, faisait également partie de l'expédition. On raconte qu'arrivé à quelque distance de l'ennemi, le jeune prince reçut l'ordre de pénétrer dans la place avec des renforts : ce qu'il fit avec autant d'intrépidité que de bonheur. Mais la garnison, trop faible encore, n'en dut pas moins céder au nombre et livrer la ville avant l'arrivée du roi. Et comme le duc de Nevers exprimait ses craintes relativement à la possibilité de reprendre la place : « Ne pas attaquer des retranchements, parcequ'ils sont bien défendus, dit brusquement le monarque, cela est bon pour vous, qui ne vous en approchez que de sept lieues. » Ces mots inconsidérés produisirent une vive impression sur le vieux gentilhomme, qui en fut malade de douleur, et qui mourut quinze jours après, le 22 octobre 1595.

XII. — Charles de Gonzague succéda à son père comme seigneur de Mézières et comme gouverneur de Champagne et Brie. De plus, à la mort de sa mère, arrivée en 1601, il prit, avec le nom de Charles de Gonzague de Clèves, le titre de duc de Nevers et de Rethel, auquel il ajouta bientôt celui de prince *souverain* d'Arches (1). Personne ne contesta alors au

---

(1) La terre d'Arches faisait partie du domaine particulier des comtes de Rethel. L'acte qui le constate, et dont on trouve la copie au cartulaire de Mézières, est de l'année 1293. Cet acte constitue au profit du vendeur, *Jacques de Monchalons*, une rente viagère de cinquante livres ; il énumère également les droits dont il est fait

jeune potentat ce droit de *souveraineté* qu'il lui plaisait de s'arroger, et qu'il exerça en détachant foncièrement le *lieu* d'Arches de la ville de Mézières, dans les fortifications de laquelle il est enclavé, pour le faire dépendre de Charleville, cité qui s'éleva non loin de là, et dont il jeta les fondements le 6 mai 1605. A sa nouvelle principauté Charles de Gonzague annexa également les terres et dépendances de Lumes et de Vautrincourt (aujourd'hui St-Laurent), qu'il acquit de leurs seigneurs particuliers, et qui furent ainsi distraites du duché de Rethel.

C'était attenter aux prérogatives du roi ; mais à la cour du Béarnais on ne s'émut pas pour si peu, et, s'il faut en croire le Mémoire de Châtillon, on n'était pas fâché de voir le prince de Charleville dissiper ses grands biens, pour se donner le vain titre de fondateur d'une ville dont on n'avait rien à craindre, par suite de sa situation dans la sphère stratégique et sous les canons mêmes de la place de Mézières.

Malheureusement, en attirant à elle une partie des habitants de Mézières, la nouvelle cité devait accaparer, en outre, son commerce et son industrie, grâce aux privilèges extraordinaires promis aux émigrants....

En 1606, le 28 mars, Mézières reçut et fêta, de son mieux, le roi Henri IV, qui resta plusieurs jours dans ses murs. Préoccupés surtout de la sécurité de leur ville, les habitants se bornèrent à demander de nouveau la démolition de la citadelle, qui les menaçait sans cesse, et dont l'emplacement pouvait utilement servir à des fondations industrielles. Le monarque accéda à la demande qui lui était faite ; mais Charles

cession au profit des comtes de Rethel, mais on n'y trouve pas celui de *souveraineté* revendiqué par Charles de Gonzague. Diverses autres pièces inscrites au même cartulaire semblent établir, au contraire, que le bourg d'Arches relevait de la châtellenie de Mézières.

de Gonzague, vivement contrarié de la mesure projetée, trouva le moyen d'en éluder les effets : et la forteresse espagnole resta debout !

Le 31 du même mois, Henri IV quitta Mézières pour se rendre à Donchery, afin d'y surveiller les préparatifs du siège de Sedan, dont le prince, Henri de La Tour d'Auvergne, duc de Bouillon, entretenait des relations occultes avec plusieurs princes d'Allemagne, afin d'arriver, paraît-il, à transformer ses vastes possessions en un état fédératif, indépendant de la France. L'intention du monarque n'était pas de verser le sang : il était parti avec cette pensée qu'un simulacre de guerre dissiperait cette fumée de vanité, qu'il excusait chez un prince dont il avait eu longtemps à se louer.

De son côté, Henri de La Tour, toujours habile à pénétrer les secrets desseins des autres, osait compter sur la bonté du roi, et il redoutait médiocrement les suites d'un combat dont il saurait toujours bien prévenir les suites. De là cette tardive démarche de Torcy, où les envoyés du monarque durent faire les avances, et où le prince de Sedan n'en éprouva pas moins les effets de la bienveillance royale. Seulement, le duc de Bouillon dut se rendre à Donchery et y signer un traité par suite duquel la ville de Sedan recevrait une garnison française pour quatre ans. Cette garnison fut de *cinquante hommes*, que le monarque retira au bout d'un mois, en rendant d'ailleurs à Henri de La Tour la plénitude de ses droits.

C'était, hélas ! trop tôt pardonner !...

En 1610, après la mort du roi, Marie de Médicis eut à compter 200,000 livres au prince de Sedan, « *afin de s'assurer de sa bonne volonté.* »

En 1612, le même seigneur entrait, avec le duc de Nevers, dans la ligue formée par le prince de Condé contre la reine régente et ce que les brouillons du temps appelaient « l'anarchie honteuse de la cour. » Disons plus, ce fut à Sedan même que se retirèrent les princes mécontents. Et comme le voisinage de Mézières les inquiétait, ils résolurent de s'en emparer au moyen des milices bourgeoises que Henri de La Tour et Charles de Gonzague mirent sur pied. Ce dernier tira même de son château de la Cassine des pièces d'artillerie qui furent amenées devant la place le 15 février 1614... Mézières n'avait alors qu'une faible garnison, et ses habitants ne pouvaient songer à résister à leur seigneur, qui prit possession de la ville et bientôt de la citadelle, où la garnison s'était jetée, et qui s'en fit confirmer le gouvernement particulier à la suite du traité conclu à Ste-Ménehould, le 15 mai suivant.

A cette occasion, les magistrats municipaux insistèrent de rechef pour que, conformément à l'article 3 du traité, la citadelle fût démolie « *du côté de la ville.* » Cette fois, Charles de Gonzague voulut bien promettre de s'occuper de cette mesure, « *sitôt qu'il auroit obtenu de la reine régente l'indemnité à laquelle il avoit droit.* »

Les millions coûtaient peu alors, et aux 450,000 livres qu'avait coûté à l'État la levée de boucliers des princes, il était tout simple qu'on ajoutât quelques appoints pour frais imprévus.

Mais de nouveaux troubles, apaisés momentanément par le traité de Loudun, qui reconnut le prince de Condé et ses adhérents « *pour bons et loyaux sujets,* » éclatèrent avec plus de violence que jamais.

Le 1er septembre 1616, Condé fut arrêté au Louvre et conduit à la Bastille. Averti à temps, le duc de Bouillon avait quitté Paris la veille au soir. Quant au duc de Nevers, il était alors à la Cassine, et il vint aussitôt à Charleville, d'où il écrivit au roi, le 5 septembre, une lettre pleine d'outrecuidance, lettre qu'il termina toutefois par des protestations de dévouement et de fidélité !... » (1)

En dépit de ces protestations, le 12 du même mois, il était fait défense aux habitants de Châlons de recevoir le duc dans leur ville. Le 14 novembre, le gouverneur de Reims refusait également l'entrée de cette ville à la duchesse de Nevers, « *en attendant qu'il pût avoir l'avis du roy.* » Enfin, ce ne fut que par surprise que Charles de Gonzague parvint à faire occuper Rethel, d'où il fit sortir tous les habitants qui n'étaient pas disposés « *à garder les murailles.* »

Les circonstances étaient jugées telles, que le roi dut publier un manifeste dans lequel il dénonçait à la France les excès des princes rebelles. En même temps, trois corps d'armée marchaient contre eux, et un arrêt du parlement les déclarait « *coupables de lèse-majesté, déchus de leurs dignités et de leurs biens.* »

L'une de ces armées était commandée par le duc de Guise, qui reprit Rethel le 18 avril 1617, et qui se prépara à assiéger Mézières. Charles de Gonzague occupait alors personnellement cette ville, où ses soldats n'avaient d'autre caserne que le domicile des habitants. Le 16 dudit mois, il avait exigé des *bourgeois* les plus aisés 1,500 écus à titre d'emprunt, menaçant de faire vivre des cavaliers de la maréchaussée chez les récalcitrants. Le 23, il ordonna aux habitants de se pourvoir de grains pour six mois, sous peine d'être expulsés de la place !

Heureusement, les expédients d'une nouvelle politique, provoquée par la mort du maréchal d'Ancre

(1) Voir cette lettre dans les *Archives curieuses de l'Histoire de France*, 2ᵉ série, t. 1ᵉʳ, p. 330 et 331.

(24 avril 1617), empêchèrent l'exécution de cet ordre rigoureux.

Le duc de Nevers reprit son gouvernement de Champagne et fit bientôt oublier sa rébellion passagère en sauvant la France de l'invasion dont la menaçaient les armées de Mansfeld et de Christian de Brunswick. Il se devait d'ailleurs à la ville qu'il avait fondée, et dont il publia les lettres-patentes définitives le 6 mai 1620. Ces lettres tenaient tout ce que le prince avait promis, c'est-à-dire l'exemption complète de tous impôts et subsides, avec le don gratuit d'une place pour bâtir, avec le logement, gratuit lui-même, en cas d'établissement de fabrique ou manufacture !

Nous verrons bientôt à quelles plaintes donnèrent lieu, de la part des habitants de Mézières, les conditions faites au commerce de Charleville.

La vieille cité macérienne jouait de malheur. Affranchie enfin du joug que les partis faisaient peser sur ses habitants, elle devait être et elle fut éprouvée dès lors du côté de ses intérêts purement matériels : elle perdit à la fois ses brasseries, ses tanneries, ses ateliers de ferronnerie, et jusqu'à ses marchés aux grains.... Enfin, une affreuse épidémie, la peste, vint compliquer encore, conjointement avec les courses dans le pays des bandes de Jean de Wert, la déplorable situation dans laquelle Mézières se trouvait alors. Des calculs peut-être exagérés portent à 1,100 le nombre des victimes que la contagion fit dans cette ville, pendant les seules années 1633 et 1634.

Pourtant, en 1639, le 25 juillet, les habitants de Mézières retrouvèrent un instant toute leur joie pour célébrer le passage dans leur ville du roi Louis XIII et du cardinal Richelieu. Ce n'était pas assez, pour le grand ministre, d'avoir délivré la frontière de Rocroi des bandes espagnoles qu'y avaient attirées le prince Albert de Croï et les comtes de Brias et d'Aussois : du côté du Luxembourg, et malgré l'échec récent de Piccolomini devant Mouzon, les drapeaux ennemis flottaient encore sur Yvois. Le maréchal de Châtillon avait donc reçu l'ordre de vaincre encore. Et comme la victoire n'obéissait pas assez promptement à cette suprême volonté, le cardinal était accouru, espérant d'ailleurs profiter de l'occasion pour asseoir ses vues sur Sedan, dont le prince Frédéric-Maurice, duc de Bouillon, osait conspirer contre la France. Toutefois, et bien que le prince eût reçu chez lui le comte de Soissons, ennemi personnel du cardinal, on avait jugé utile de dissimuler tout mécontentement.

En effet, pendant le séjour que le roi et son ministre firent à Mouzon, en attendant la reprise d'Yvois, la princesse de Sedan alla complimenter le monarque, qui la reçut si bien, qu'à son retour elle fit arrêter les préparatifs auxquels donnait lieu, à Sedan, la prévision d'un siége prochain.

Deux ans après, le 3 août 1641, le roi Louis XIII arrivait de nouveau à Mézières, où l'avait appelé, cette fois encore, la conduite du prince de Sedan, qui avait traité avec l'étranger et pris les armes contre la France, conjointement avec le prince de Soissons et le duc de Guise. Le 6 juillet, les conjurés avaient battu les troupes royales au combat de la Marfée, donné près de Cheveuges. Mais ce triomphe avait coûté la vie au comte de Soissons ; et, par suite de la retraite du duc de Guise à Bruxelles, le prince de Sedan restait seul exposé à la vengeance du roi, qui avait dû reprendre Donchery sur les troupes rebelles. Aussi Frédéric-Maurice avait-il cherché l'occasion d'un accommodement, que Richelieu lui-même désirait, malgré son ressentiment. A la suite de quelques pourparlers avec le vicomte de Puységur, le prince était donc venu à Mézières, où le roi, le cardinal et toute la cour lui firent le meilleur accueil, et où l'on arrêta immédiatement les conditions d'un traité qui fut signé le 10 du même mois.

Suivant les termes de cet acte, qui stipulait des avantages pécuniaires en faveur de ses enfants, Frédéric-Maurice *promettait* au roi fidèle service, « tant de ses souverainetés que de sa personne. » De plus, il obtenait amnistie pour la mémoire du comte de Soissons, dont on voulait faire traîner le corps sur la claie, et, pour lui-même, un commandement supérieur dans l'armée d'Italie. Enfin, le roi assurait le remboursement, par l'Etat, des frais que le duc rebelle avait supportés pendant trois ans pour l'entretien de la garnison de Sedan, s'engageant à amnistier tous ceux qui se trouvaient impliqués dans la révolte et à restituer immédiatement leurs biens séquestrés.

La politique de Richelieu ne croyait pas trop payer ainsi l'éloignement d'un prince que le roi devait à tout prix tirer des rangs ennemis....

Le 21 juin 1642, Frédéric-Maurice était arrêté à Cazal et conduit, peu à près, à Lyon comme prisonnier d'Etat !... Son esprit remuant ne lui avait pas permis de rester étranger à une nouvelle conspiration ; et, même avant son départ de Mézières, où se trouvait également Cinq-Mars, il avait adhéré au projet formé par le jeune seigneur de renverser le cardinal, fût-ce même en faisant la guerre à la France !... Cinq-Mars porta sa tête sur l'échafaud, et le duc de Bouillon fut trop heureux de racheter la sienne en livrant la principauté de Sedan, qui fut enfin réunie à la France.

Ces événements n'avaient pu s'accomplir sans

aggraver la situation déjà déplorable des populations ardennaises. (1) On voit en effet que partout, en 1639 et en 1641, la voix des misères publiques se fit douloureusement entendre sur le passage du roi et de son ministre. A Mézières, comme à Rethel, les habitants et les municipalités remontrèrent au monarque « qu'à l'occasion des estappes, passages et séjour « des gens de guerre, assemblées d'armées et aultres « charges qu'ils ont estez containcts de supporter en di- « verses occasions pour le service de Sa Majesté, ils « sont tellement endeptés de toutes parts, tant en « général qu'en particulier, qu'il leur est du tout « impossible de payer aucune taxe ni de pourvoir à « aucunes réparations de murailles, ponts ou chaus- « sées. »

Mais, quoique le grand ministre eût lui-même reconnu la nécessité « de décharger à l'avenir le peuple des trois quarts du faix qui l'accablait alors, » ces doléances n'aboutirent à rien, si ce n'est à l'abandon, au profit des villes, des droits d'entrée que l'Etat percevait sur les marchandises venant du dehors. D'ailleurs, la guerre n'avait pas dit son dernier mot. Bientôt, en effet, la mort de Richelieu rappelait les Espagnols sur notre frontière et devenait l'occasion d'une nouvelle prise d'armes de la part de quelques seigneurs mécontents.

La Fronde, tel fut le nom donné à cette lutte où allaient s'entr'égorger, une fois encore, les hommes d'une même patrie, sacrifiés, d'un côté, au despotisme d'un ministre qui travaillait à constituer l'unité du

(1) A la suite de la bataille de la Marfée, les troupes wallones du général Lamboy occupèrent pendant quelques jours les villages de Flize, Boutancourt et Elaire, où elles vécurent à discrétion chez les habitants. Les 17 et 18 juillet, suivant un procès-verbal dressé par un officier de la prévôté de Mézières, ces mêmes troupes dévastèrent l'abbaye d'Elan, d'où elles se retirèrent en mettant partout le feu aux villages et aux fermes qui se trouvaient sur leur passage !

pouvoir, de l'autre, à la rancune de princes turbulents et peu soucieux du repos de la France. La ville de Mézières resta étrangère à cette autre ligue, qui pesa notamment sur Rethel et ses environs; mais elle acheva de s'annihiler, pour ainsi dire, pendant ces déplorables années, où les moissons et les vendanges étaient faites au profit des troupes de l'un et de l'autre parti, et où les populations n'en étaient pas moins frappées de taxes en argent, vin, blé et fourrages.

Enfin, on voit que de 1650 à 1658, malgré la sollicitude des magistrats municipaux, la cherté des grains, jointe au défaut de travail, occasionna à Mézières des troubles qui se renouvelèrent d'autant plus souvent que la ville ne possédait plus d'établissements industriels de quelque importance....

En 1670, nouvelles émotions populaires, causées par la misère d'une partie de la population : ce qui décida les échevins, non à renouveler auprès du gouvernement la demande banale d'une exemption de certains impôts, mais à rédiger un Mémoire où, remontant à l'époque de la fondation de Charleville, « ils
« représentèrent au roi que le duc de Nevers s'était
« plus servi de l'autorité de sa Majesté que de la
« sienne pour jeter les fondements d'une nouvelle
« ville ; que cette autorité ne pouvoit s'élever contre
« le bien des sujets de S. M. ; que si par la crainte et
« par le respect que lesdits habitants devoient à leur
« prince et gouverneur, ils n'ont osé s'opposer à l'éta-
« blissement des nouveaux droits inventez contre les
« droits des gens, à leur préjudice et à leur ruine,
« ils ne sont pas moins recevables à s'en plaindre,
« puisque les droits du souverain sont imprescriptibles
« et inaliénables. »

« La première chose que ledit seigneur duc a faite
« en cette nouvelle ville, ajoutent les réclamants, est

« que du village d'Arche, qui n'estoit d'aucune con-
« sidération et de peu de revenu, il a fait un azile
« à tous les banqueroutiers et criminels du païs. En
« sorte qu'aiant donné impunité au crime, il a donné
« sujet à bien des gens de se jetter dans la débauche
« et dans le désordre ; et un homme de Maizières ou
« des environs avoit-il fait un méchant coup, tué, as-
« sassiné ou violé ou pris les biens des bons mar-
« chands, passant la porte du pont d'Arche, il étoit à
« couvert de tout. Voilà la première brèche que cette
« ville a faite à celle de Maizières. »

Les réclamants arrivaient ensuite aux marchés *libres* établis à Charleville, au grand préjudice de Mézières, puis aux droits de péage assis sur la Meuse, au profit exclusif de la nouvelle ville ; enfin au port qui venait d'y être ouvert aux marchandises venant des Pays-Bas, « ce que ledit seigneur duc de Nevers
« n'avoit osé entreprendre lui-même à la naissance de
« sa prétendue souveraineté, scachant l'antiquité et
« les priviléges de la ville de Mézières. »

En terminant, les bons échevins exprimaient l'espoir
« que Sa Majesté, après avoir dompté ses ennemis et
« donné la paix à toute l'Europe, ne souffriroit pas
« qu'un prince étranger, n'ayant qu'une ombre de
« souveraineté, opprimât davantage ses subjets, qui
« ont été toujours si fidèles et affectionnés à son ser-
« vice. »

Malheureusement, cette paix, cette ère de répara-
tion qu'appelaient les vœux de nos compatriotes, devait rester un rêve !... Il ne fut jamais statué sur la réclamation produite, à laquelle répondait suffisamment, disait-on, un arrêt du Conseil d'Etat, en date du 18 août 1656, portant « *que les habitants de Charleville devoient jouir pleinement et paisiblement de*

tous les priviléges, franchises, libertés, exemptions et droits qui leur avaient été concédés. » (1)

Le prince étranger dont parlent les Macériens était alors Ferdinand-Charles, duc de Mantoue et de Montferrat, arrière petit-fils de Charles de Gonzague.

En 1665, Ferdinand-Charles avait succédé à son père, dans ses duchés d'Italie seulement, car déjà, à cette époque, le duché de Rethelois avait été acquis par le cardinal Mazarin, et donné par lui à sa nièce, Hortence de Mancini, à l'occasion de son mariage avec le marquis de Meilleraie, lequel était ainsi devenu duc de Mazarin.

Lors de la production du Mémoire dû à ses échevins, la ville de Mézières, comme les 26 paroisses de sa châtellenie, avait donc pour seigneur ce duc improvisé, dont Saint Evremond fait une sorte d'illuminé, sinon d'idiot, et qui ne fit rien pour assurer le succès de la démarche de ses vassaux. Le roi Louis XIV n'avait pas toujours à se louer de ce personnage bizarre, quoiqu'il fût grand-maître de l'artillerie, et, dans tous les cas, le monarque n'avait rien à en attendre. Il en était tout autrement du duc de Mantoue, qui pouvait être un allié pour nos armes, malgré les sympathies bien connues de sa famille pour l'Autriche, et qui prenait volontiers, en effet, le parti de la France et de l'Espagne, dans leur lutte contre l'Europe. De là, nous devons le croire, le déni de justice dont les habitants de Mézières se crurent les victimes. Quoiqu'il en soit, l'événement prouva que, notamment en ce qui concerne le commerce interlope dont le port de Charleville était le centre, la plainte des échevins de Mézières était fondée, et que la fraude à laquelle

(1) C'est en vertu des mêmes dispositions que les habitants de Charleville n'étaient compris, « ni dans les départements et ordres pour les logements des gens de guerre en quartier d'hiver, ni dans les taxes de leur subsistance, fourrages et autres levées à faire en conséquence. »

LXXXIV

donnait lieu la situation de ce port, relativement aux droits de sortie des grains, était à la fois préjudiciable à l'État et aux populations ardennaises.

En effet, on trouve dans les archives de la ville de Mézières des pièces de 1693 et 1697 (1), où il est fait mention des mesures prises par les officiers municipaux pour empêcher leurs concitoyens de mourir de faim, mesures qui consistaient à arrêter au passage les grains que les marchands conduisaient à Charleville, où ils disparaissaient en un instant.

. . . .

Un siècle plus tard, en 1789, les habitants de Mézières en étaient là encore!... Seulement, sur la plainte qu'ils avaient récemment adressée au directeur général des finances, l'intendant de Champagne, par une ordonnance en date à Châlons du 23 juin, avait bien voulu les autoriser, *provisoirement*, et jusqu'au 1er septembre seulement, « à retenir et faire déposer sur leur marché le tiers des grains qui passeraient par leur ville pour se rendre à Charleville. »

C'est alors que les officiers municipaux et les notables de Mézières rédigèrent de nouveau, pour être mis sous les yeux du souverain, un Mémoire où, après avoir exposé la déplorable situation de leur ville, ils demandaient le rétablissement de ses marchés aux grains. Voici la fin de ce document, qui fut pour la malheureuse cité une sorte de chant du Cigne.

« Il s'agit de prononcer entre les habitants de
» deux villes voisines, les uns autrefois dans l'opu-
» lence, maintenant, pour ainsi dire, dans la misère,
» mais n'ayant pas cessé, dans l'une et l'autre posi-
» tion, de donner des preuves de leur fidélité et de
» leur patriotisme; les autres, dans la situation la plus

(1) C'est en cette même année, 1697, que le palais des Tournelles fut détruit par un incendie.

» heureuse, ne payant rien à l'Etat, en leur qualité
» d'étrangers, mais se disant François quand il s'agit
» de jouir des avantages de la monarchie. » (1)

Les événements qui s'accomplissaient alors à Paris n'étaient guère faits pour favoriser l'examen que comportait la supplique de nos compatriotes. Et d'ailleurs, à quoi bon se préoccuper de quelques-uns des abus du vieux régime, quand il allait être fait table rase de tous ces abus, par la réforme des anciennes institutions du pays ?...

La seule force des choses fit, en effet, que Charleville conserva les marchés aux grains qui lui étaient disputés, mais non les priviléges et immunités qui avaient causé la ruine de sa voisine. Le droit commun exista enfin pour les deux villes, et c'était là ce que demandaient les Macériens, qu'on vit, du reste, embrasser avec empressement tous les principes d'égalité proclamés par l'Assemblée nationale, sans devenir pour cela les séides d'une démocratie sans limites.

La Révolution fit perdre à Mézières, outre son excellente Ecole militaire du génie, son titre de chef-lieu d'une châtellenie, qui n'existait plus que de nom; en revanche, elle lui valut celui de chef-lieu d'un département français. Réduite à une population qui dépassait à peine 3,000 âmes, mais toujours animée des plus purs sentiments de patriotisme, la vieille cité de Bayard conservait, intact, son rôle de sentinelle avancée sur la frontière du nord...

En 1792, au début de la guerre faite à la France

(1) Ce Mémoire est revêtu de dix signatures que nous aimons à faire connaître ici. Ce sont celles de MM. BOURGEOIS, maire royal; WIOT, échevin; VALDON, procureur syndic; MOURET, JUVIGNAULT, MINOT, fils, MARÉCHAL, JARLOT, MENNESSON, et LARCHER DE CHAMONT, notables.

par l'Europe tout entière, le département des Ardennes avait arrêté, dans l'Argonne, les premiers pas des rois coalisés ; en 1815, son chef-lieu fit plus encore : il ferma audacieusement ses portes aux armées alliées, et prouva que la France trahie, mais non vaincue, pouvait encore triompher de ses ennemis !...

Nous allons relever les phases diverses de cette glorieuse résistance, que nous considérons comme une des plus belles pages de notre histoire nationale.

CHAPITRE Ier.

Waterloo ; — ses suites immédiates. — Détails donnés par deux militaires arrivant de l'armée. — Rôle du général *Dumonceau*. — Arrivée de l'Empereur à Mézières ; — il est forcé d'y attendre des chevaux de poste. — Spectacle saisissant. — Touchantes acclamations au départ et sur le passage de la voiture impériale. — Sublime résolution du grand capitaine. — Le commandant *Traullé*. — Situation de Mézières au moment de l'invasion ; — ses héroïques défenseurs ; — le colonel *Galien*, le commandant *Marion*, etc. — Quelques mots sur le général *Lemoine*.

C'est en vain que, les 15 et 16 juin 1815, Napoléon avait retrouvé à Ligny et aux Quatre-Bras la hardiesse de conception et le génie héroïque du jeune général de 1796 : de funestes malentendus, de coupables indécisions, avaient, dès le surlendemain, changé en désastre une troisième bataille déjà en partie gagnée ; et, loin de voir l'extermination des armées que l'Europe poussait contre nous, Waterloo venait d'ouvrir de nouveau la France à l'invasion !...

Dès le lendemain de la fatale journée, un trompette des grenadiers de la garde d'abord (1), puis un officier de cavalerie légère, tous deux venant de l'armée, arrivèrent à Charleville, d'où ils furent conduits à Mézières comme déserteurs. Là, interrogés par le

(1) D'autres disent un sous-officier.

commandant de place, M. Traullé, ils lui dirent comment un moment de confusion avait tout compromis, comment la vieille garde elle-même avait été entraînée et désorganisée...

Ces deux hommes étaient donc l'extrême avant-garde des corps évacuant le champ de bataille !...

Le même soir, un officier supérieur, le lieutenant général Dumonceau, commandant de la deuxième division militaire, arriva à son tour. Il ne venait pas de Waterloo, et avait, quelques jours plus tôt, reçu l'ordre de se porter en avant de Givet avec les 5e et 6e bataillons des gardes nationaux des Ardennes, afin de flanquer l'extrême droite de la grande armée. L'échec de la veille lui avait fait rebrousser chemin ; et c'était en enfant perdu qu'il ramenait lui-même sa colonne à travers les défilés des montagnes, quand le hasard lui avait fait rallier les voitures même de l'Empereur

— Ne fermez pas ! cria-t-il au portier consigne, en entrant à Mézières, alors que dix heures venaient de sonner : — Napoléon me suit !

Après d'inutiles efforts tentés pour reformer les colonnes entraînées, l'Empereur avait en effet senti la nécessité de rentrer au plus tôt en France, où la nouvelle de la dispersion de son armée allait sans doute soulever contre lui les récriminations de la Chambre des représentants. Il était donc parti en chaise de poste, devançant les troupes dans leur retraite, mais en se proposant de leur indiquer bientôt une ville comme point de ralliement.

« Trois calèches, dit le commandant Traullé, qui les reçut à l'avancée d'Arches, trois calèches formaient le cortége presque funèbre du grand capitaine.... La première était celle du monarque ; les généraux Bertrand et Drouot étaient, eux quatrièmes, dans la seconde ; le roi de Westphalie et ses aides-de-camp étaient entassés dans la troisième et dormaient profondément. Les rideaux de la voiture de l'Empereur ne furent jamais ouverts ; il me fut donc impossible de savoir s'il était seul ou non. Du reste, point d'escorte…. un officier supérieur, en uniforme de hussard, la formait seul ! » (1)

« Arrivées devant la poste, continue le même narrateur, ces voitures ne trouvèrent point de chevaux ; et comme les postillons du relai précédent (celui de Lonny) s'étaient hâtés de dételer les leurs pour sortir de la ville, force fut d'en aller chercher à une lieue. Les équipages, que l'état-major de la ville entourait avec déférence, restèrent ainsi dans la rue pendant plus d'une heure, (2) et quelle heure !… Le général Drouot m'ayant reconnu, m'avait appelé près de sa voiture ; nous causions ensemble de la récente catastrophe, quand l'officier de hussards vint dire à demi-voix au général Bertrand : « Général, on vous demande. » Le général, qui sommeillait, ne répondit pas, et l'officier alla reprendre son poste Quelques instants après, l'officier revint à la charge, en répétant, mais d'un ton plus élevé : « Général Bertrand, on vous demande » Pour cette fois, le général descendit de sa voiture, alla près de celle de l'Empereur, passa la tête sous le rideau, et reçut de la bouche du monarque le dernier ordre qu'il eût donné à son armée…. Cet ordre, que le général écrivit devant moi, chez le maître de poste, donnait à tous les corps les environs de Laon pour rendez-vous. Le général me le remit, en me disant de le faire parvenir comme je le pourrais. J'en chargeai de suite un maréchal-des-logis de dragons, dont je n'entendis plus parler…. »

Il était presque minuit quand les chevaux arrivèrent. Ils furent attelés immédiatement, et les voitures

(1) *Relation du siége de Mézières en 1815.* — Manuscrit.
(2) La poste aux chevaux était alors près de la porte du port Baudart.

sortirent de la place au milieu des vivats de ceux des soldats et des habitants de la ville qui avaient pu être mis dans le secret du passage de Napoléon. Malgré la gravité des circonstances, et peut-être à cause de cette gravité, l'armée et le peuple prouvèrent, par leurs acclamations sympathiques et enthousiastes, qu'ils tiendraient toujours fidèlement pour leur Empereur, dont ils voulaient suivre aveuglément la fortune et l'infortune. Nous devons croire, du reste, que ces démonstrations amicales ne trouvèrent pas indifférent le héros malheureux à qui elles étaient adressées, et qu'il y puisa, au contraire, la sublime résolution de lâcher la France entière sur la coalition, de l'assaillir en détail, dans chaque village, devant chaque fossé, puisqu'il n'avait pu réussir à l'écraser d'un seul coup !.... Il est au moins certain que tel était son plan de campagne en arrivant à Laon, où il fit halte, et où quelques-uns de ses officiers lui conseillaient de gagner Paris sur-le-champ, et d'y abriter sa responsabilité derrière celle de la Chambre des représentants, en l'appelant à délibérer sur la défense du pays. « Je suis le premier représentant de la France ! s'écria-t-il, et ma place est ici ; rallions-y les garnisons, fermons les routes, et qu'en s'aventurant de nouveau au cœur de nos provinces, l'étranger y trouve son tombeau !... »

En effet, quelques jours après, 70 mille hommes étaient ralliés entre l'Aisne et la Seine, appuyés par 20 mille tirailleurs fédérés. Il y avait dans ce chiffre de 90 combattants, en y ajoutant surtout l'appoint des habitants, appelés partout à défendre leurs foyers, il y avait, disons-nous, les éléments d'une très-grande puissance défensive. Mais cette guerre nationale, la seule légitime, eut contre elle un grand nombre de représentants, qui se soulevèrent en revendiquant la dictature...

Nous ne dirons rien du rôle indigne que jouèrent

les plénipotentiaires de ce nouveau pouvoir, pendant que, retiré à la Malmaison, où il s'étonnait qu'on ne le demandât pas, Napoléon mesurait en frémissant le pas des colonnes ennemies : toutes les ressources dont la France pouvait disposer, avec le bras, le génie et le nom de l'Empereur, devaient être sacrifiées au vain espoir, ou plutôt au prétendu désir de sauver Paris d'une seconde occupation.... Ne sait-on pas que, sur la proposition de Fouché, le gouvernement décida qu'il était barbare et en quelque sorte immoral de défendre la capitale, qu'il ne restait plus qu'à se rendre ? . . . .
. . . .

Dans leur patriotisme tout ardennais, les habitants de Mézières, eux, en avaient jugé tout autrement pour leur ville, et sans délibérer, sans se demander s'ils pouvaient résister ! Seulement, en quittant la place, le général Drouot avait fait cette question au commandant Traullé : « Etes-vous prêt, commandant, à bien recevoir l'ennemi ? » Et le brave manchot (1) de répondre sans hésiter : « Prêts, quoique non préparés, oui, mon général ; mais nous ferons pour le mieux, et tout ira bien. »

Voyons donc quels étaient alors l'état et le personnel de cette place, dont un officier expérimenté croyait ainsi pouvoir répondre sur parole.

Fortifiée d'après les dessins de Vauban, Mézières offrait un ensemble d'ouvrages qui ne comprenaient pas moins de dix bastions ; et des travaux intelligents venaient d'y être exécutés sur un certain développement. De plus, ses voies d'accès avaient pu être en grande partie palissadées. Mais, en dehors de sa garde urbaine, 400 hommes environ, organisés notam-

(1) Traullé avait perdu un bras dans le mémorable combat qui eut lieu près de Cambrai, le 11 septembre 1793, entre nos bataillons de volontaires et un corps de cavalerie autrichienne. (Voir nos *Biographies et Chroniques*, 2e série, p. 135.)

ment en compagnies d'artilleurs, cette ville ne renfermait que les 5e et 6e bataillons des Ardennes et de la Meuse, et le dépôt du 22e régiment de ligne, auxquels se joignirent, il est vrai, un corps d'élite de 350 préposés de douanes, une compagnie de volontaires, formée de 65 jeunes gens venus de Charleville, (1) et un petit détachement de cavalerie : en tout, environ 2,500 hommes, c'est-à-dire le quart de ce qu'exigeait une défense en règle. Ajoutons que la plupart de ces soldats improvisés étaient sans instruction, et surtout sans expérience des choses de la guerre. Ils avaient fort heureusement des chefs excellents et dévoués. Citons, entre autres, le brave commandant Marion, l'un de nos héroïques volontaires de 1792, chef de la garde-nationale sédentaire depuis plus de dix ans ; le colonel d'artillerie Griois ; le colonel-directeur des douanes Galien ; le chef de bataillon du génie Delavigne, etc., etc. Tous ces hommes avaient le sentiment vrai de la situation ; ils se constituaient spontanément les mandataires armés du pays, les gardiens du territoire menacé, et nul d'entre eux ne croyait à la possibilité d'une défaite irréparable !

Depuis le 11 juin, un général, le chevalier Lemoine, d'abord commandant de la onzième division d'infanterie au 3e corps d'armée, en résidence à Sedan, avait le commandement en chef de la place. C'était un militaire distingué sans doute ; mais l'Empereur n'avait pas précisément ses sympathies ; et, en cette circonstance, ce général subit plutôt qu'il ne partagea l'exaltation généreuse à laquelle obéissaient les autres

---

(1) Cette compagnie était entrée dans la place le 28 juin, aux cris mille fois répétés de : *Vive l'Empereur !* Elle eut d'abord pour capitaine M. Ponsart, que remplaça bientôt M. Ladouce, et en dernier lieu M. Aubry. Mais sous l'un et l'autre de ses officiers, la cheville ouvrière du corps était le sergent-major LALBERTAUX, homme énergique, alors attaché à la manufacture d'armes, et dont nous avons volontiers interrogé les souvenirs.

chefs, officiers sortis des rangs du peuple ou de la bourgeoisie. Pourtant, il fit preuve d'intelligence et d'activité dans le choix et la mise à exécution des mesures qu'il ordonna pour arriver à une défense à la fois sage et vigoureuse : encore eut-il besoin d'être rassuré quant à l'importance de l'artillerie et des munitions de la place, comptant pour rien, ou à peu près, et les 60 bouches à feu qui allaient être mises en batterie, et les 29,000 kilogrammes de poudre qui existaient dans les magasins !... Un conseil de défense venait d'être formé : ses membres lui dirent, et avec eux les 300 artilleurs bourgeois prêts à servir ces canons trouvés insuffisants : « *c'est assez ; nous fermerons nos portes quand même !* » — Bonnes et héroïques paroles, où le général put voir un affront pour lui, mais où il vit aussi la nécessité de s'exécuter de bonne grâce, en pressant de plus en plus l'achèvement des travaux commencés. Il n'y avait pas un instant à perdre, d'ailleurs, car l'ennemi annoncé par le général Drouot activait ses mouvements, non pour entraver ou attaquer la retraite de notre armée, mais pour franchir la frontière.

CHAPITRE II.

Blessés de Waterloo recueillis à Mézières. — Mesures prises pour y recevoir l'ennemi. — Avis officiel annonçant l'entrée des colonnes prussiennes sur le territoire ardennais. — Marche de ces colonnes de Carignan sur Mézières. — Attaque et défense de Charleville ; — déplorable malentendu ; — la ville est prise et pillée... — Ce que fit en cette occasion le lieutenant *Gauthier*. — Comment nos bons *amis* entendaient la *protection*. — Détails curieux relatifs à la contribution journalière de Charleville et des campagnes voisines.

La journée du 20 juin fut employée à recueillir les débris des différents corps qui s'étaient réunis à Philippeville et à Rocroi, en se traînant sur les chemins, qu'ils jalonnaient de leurs blessés. Ces pauvres soldats étaient exténués de fatigue. Toutefois, après deux jours de repos, la plupart demandèrent à rejoindre leur régiment ; les autres entrèrent à l'hôpital et furent ensuite incorporés dans les compagnies de la garnison.

Le 23, on termina différents ouvrages, redoutes et retranchements que le génie avait commencés en 1814. Sur quelques points de la ville et des faubourgs, le rez-de-chaussée des maisons fut muré ; ailleurs, les étages se montraient percés de meurtrières.... Ce même jour, l'organisation de la garde urbaine et des autres corps étant aussi complète que possible, le général voulut que sa garnison prît les armes, et fit donner dans chaque compagnie des instructions sur le service.

Dès le lendemain, pendant que les anglais pénétraient dans le département du Nord par Avesnes et Valenciennes, les Ardennes étaient envahies par différents corps prussiens, saxons et hessois, qui débouchèrent par Carignan, et qui menacèrent immédiatement la place de Sedan. Un cavalier de la garde nationale de cette ville vint en donner avis au général. Le capitaine de gendarmerie Cachera fut alors chargé d'aller reconnaître l'ennemi ; mais il fut surpris par lui, près du village de Fresnois, et n'eut que le temps de se jeter dans Sedan, avec les 50 cavaliers qu'il commandait. Quelques hommes seulement revinrent à Mézières.

On sut dès lors que le corps d'armée qui s'avançait par Sedan était commandé par le général Hake, lequel avait sous ses ordres plusieurs autres généraux. En concertant ses opérations avec celles des autres colonnes lancées sur les routes de la frontière, le général Hake devait s'emparer des places fortes comprises entre Verdun et Maubeuge.

En effet, après la prise de Sedan, qui dut capituler le 26, la division des Saxons qui avait investi cette ville s'avança vers Mézières, en suivant méthodiquement la vallée de la Meuse. Dans la nuit du 27 au 28, le village de Lumes et celui des Ayvelles étaient occupés.

Enfin, le 28, l'armée ennemie, évaluée à plus de 20 mille hommes, parut devant la place, qu'elle cerna de toutes parts, en comprenant Charleville dans ses lignes stratégiques. Le même soir, elle parut manœuvrer pour enlever tout d'abord cette dernière ville, qui ne pouvait être attaquée que par le côté nord-ouest, c'est-à-dire de façon à n'avoir rien à craindre de l'artillerie de la place de Mézières.

Avec son simple mur d'enceinte, et malgré tout le zèle patriotique de ses habitants, joint à l'énergie martiale du général Laplanche, commandant de la garde nationale, Charleville ne pouvait, sans témérité, essayer de résister à une attaque sérieuse. Aussi avait-il été décidé que ses portes ne seraient pas ouvertes à de simples détachements courant la campagne, mais qu'il fallait céder à des corps entiers. Malheureusement, cette distinction devait être, ou mal comprise, ou mal exécutée, car le parlementaire qui se présenta à la porte de Flandre, le 28 au soir, y fut reçu à coups de fusil.... De là, paraît-il, les représailles du lendemain, l'attaque de la porte de Flandre, du poste et de la rue du Port, (1) par une colonne nombreuse commandée par un officier supérieur du nom de Scheffer, et pourvue de canons et d'obusiers. Ce fut en vain que la population exaspérée se défendit avec rage : poursuivis de rue en rue, foudroyés par la mitraille, les hommes les plus intrépides finirent par déposer les armes (2), et alors la ville fut livrée au pillage pendant deux heures !....

Nous ne retracerons pas ici les scènes de ce pillage inouï, qui devait donner aux bandes étrangères les seules et ignobles trophées qui leur convinssent ; mais nous aimons à y rattacher un fait remarquable, un

---

(1) Le chef du poste de la porte de Flandre était M. Hennequin ; celui du poste du Port était M. Champion, marchand de drap ; ce dernier échappa presque seul au massacre que l'ennemi fit, par surprise, des gardes nationaux placés sous ses ordres.

(2) Près de 40 personnes furent victimes de ce regrettable événement ; et dans ce nombre se trouvaient des vieillards inoffensifs, qui avaient été massacrés froidement après l'action, puis dépouillés de leurs vêtements !.... Citons parmi les habitants valides, tués les armes à la main : MM. Pichon, officier en retraite ; Mozet, fourrier de la garde nationale ; Bruneau, Pâquier, Midoux, Nanquette, Latour, tous gardes nationaux. Quant aux officiers, alors au nombre de 19, ils restèrent prisonniers, et quinze jours plus tard, ils furent envoyés à Coblentz et à Wesel, d'où ils ne revinrent que longtemps après.

acte d'héroïsme et de simplicité antiques, dû à un enfant du peuple, au lieutenant Gauthier (1).

Amputé des deux jambes à la suite de la bataille de Wagram, le lieutenant Gauthier s'était retiré à Charleville, pourvu de la charge de directeur-général des Tabacs du département. Il habitait le quartier du Sépulcre, et il se trouvait seul dans la salle de jeu de sa maison, quand les pillards s'y présentèrent.

— Que voulez-vous, messieurs? leur dit-il en allemand.

En même temps, il s'armait d'une queue de billard qui se trouvait à sa portée, et s'avançait résolûment vers les nouveaux venus.

Mais ceux-ci ne l'attendirent pas.

Quelques mots, un seul geste de ce soldat mutilé et toujours brave, peut-être aussi le prestige inhérent à la décoration qu'il portait, avaient suffi pour leur faire vider les lieux.

Hélas ! Il n'en devait pas être ainsi partout, et ces deux heures de pillage infligées aux habitants de Charleville, furent pour eux l'occasion d'une perte de plus de 600 mille francs. Ajoutons que, dès le lendemain, la ville avait un protecteur officiel, « *chargé de soulager l'habitant,* » et que ce protecteur était M. le Major baron de Lorsbach. C'est-à-dire que *l'habitant* fut frappé de contributions de toutes sortes, qu'on tira de lui les subsides les plus onéreux, enfin qu'il fut obligé, sous peine de mort, de se dépouiller de ses armes. Voici la proclamation que le colonel Scheffer publia en cette circonstance ; Attila et Growesteins ne parlèrent pas autrement, s'il leur arriva jamais de promettre leurs bons offices aux peuples qu'ils se donnaient mission de rançonner :

« HABITANTS DE CHARLEVILLE,

» J'ai donné les ordres les plus sévères pour que la plus grande discipline fût maintenue parmi mes troupes, et que les propriétés fussent respectées. Toute réquisition qui ne sera pas signée de moi

(1) Né à Mézières, où son père s'occupait de la teinture des draps.

sera déclarée nulle. Lorsqu'il y aura le moindre excès, l'offensé est invité à porter sa plainte sur-le-champ à M. le Major baron de Lorsbach, que j'ai nommé commandant de la place, lequel s'empressera de *soulager et protéger l'habitant*.

» La ville doit me seconder pour assurer la nourriture des troupes et contribuer à l'entretien du bon ordre (1). D'un autre côté, j'ordonne à la ville de faire rendre sur-le-champ à M. le commandant de place toutes les cartes, plans, *armes de toute espèce*, même fusils de chasse, et tout ce qui appartient au gouvernement ou aux militaires.

» Tout individu militaire français existant dans la ville devra se rendre sur-le-champ chez M. le commandant (maison Templeux-Landrägin, Grande-Place), ou bien y être conduit par le propriétaire qui le loge. Cet après-midi il sera fait les recherches les plus rigoureuses dans les maisons, et celui des habitants chez qui il sera trouvé un militaire caché ou un fusil, *encourra la peine de mort, et sera fusillé sur-le-champ*. — Fait à Charleville, le 30 juin 1815. — Signé : Scheffer. »

On le voit, le colonel teuton inaugurait dignement cette ère néfaste de l'invasion, pendant laquelle nous devions voir nos mères et nos sœurs en butte aux exigences, sinon aux insultes d'une soldatesque insatiable et grossière ; c'était bien là, sous une autre forme, la menace terrible du *Franzouz capout !* dont les héros d'outre-Rhin allaient faire un si fréquent usage ! menace qui ne s'appliqua heureusement, dans toute sa réalité sanglante, qu'aux poules et au bétail des villages voisins.

(1) La contribution journalière de Charleville fut de 8,000 rations de pain, 1,500 rations de viande, 200 kilogr. de sel, 500 litres d'eau-de-vie, 100 bouteilles de vin et 50 pièces de bière. Les villages voisins, et bientôt, de proche en proche, tous ceux de la frontière et des départements occupés, furent également frappés de réquisitions exorbitantes. Groupées en cercles d'approvisionnements, les communes rurales devaient, en outre, pourvoir à tous les transports ; et souvent les chevaux disparaissaient sans retour, ou n'étaient rendus à leurs propriétaires qu'après avoir été rachetés par eux. Il faut lire, dans les archives de la Préfecture, les lettres écrites à cet égard, et par les maires de ces communes, et par M. Dominé de Féret, maire de Charleville, qui remplissait alors les fonctions de sous-préfet : elles sont navrantes. Quelques mois de cette déplorable occupation, et l'on put dire, avec Grégoire de Tours parlant d'une invasion de barbares, « *que ce fut une nouvelle de voir en certains bourgs une jument ou une génisse !* »

CHAPITRE III.

Investissement de Mézières. — Troubles passagers. — Proclamation du gouverneur de la place aux troupes de la garnison. — Le calme renaît. — Distribution du service. — Etablissements de l'ennemi à la date du 10 juillet. — Réflexions sur l'état de la France à cette époque. — Outrecuidance et dépit du général Hake. — Le drapeau blanc et le drapeau tricolore ; — les assiégés tiennent pour celui-ci. — Episodes divers.

L'occupation de Charleville complétait l'investissement de Mézières, où le fait même de cette occupation faillit avoir des suites fâcheuses, en excitant les murmures d'une partie de la population. Le mécontentement était surtout manifeste parmi les jeunes volontaires caropolitains, qui trouvaient mauvais qu'on n'eût pas été au secours de leurs familles. Pendant la nuit suivante, la police découvrit un placard séditieux, qui allait jusqu'à provoquer l'assassinat du général-gouverneur, et où les autres officiers supérieurs de la place étaient, de leur côté, taxés d'incurie et de lâcheté.

Les membres du Conseil de défense, que les griefs invoqués atteignaient spécialement, n'avaient pourtant aucun reproche à se faire, car ils avaient été unanimes et bien avisés, en s'arrêtant à cette décision : qu'une sortie, dans les conditions de défense où se trouvait la place de Charleville, ne pouvait avoir d'autre résultat que de verser inutilement des flots de sang. Néanmoins, pour calmer l'irritation des mécontents, sans paraître nier absolument la légitimité de leurs plaintes, le Conseil crut prudent de recourir à une proclamation chaleureuse, dont il s'occupa immédiatement, et qu'un ordre du jour du général fit bientôt connaître à la garnison. On trouve cette harangue militaire en tête des pièces annexées au rapport qui fut adressé au ministre de la guerre, après les opérations du siége. Nous en détachons les passages suivants :

« SOLDATS !

» La place confiée à notre défense est investie de toutes parts.... Dans cette circonstance, chacun doit rivaliser de zèle, chacun doit prouver que la valeur française ne se démentira jamais, surtout lorsqu'il s'agit de servir la patrie. Sachons, par une défense vigoureuse et opiniâtre, mériter sa reconnaissance... Il s'agit de remettre cette place intacte au gouvernement français.

» Le courage et le *bon esprit de ses habitants* et des militaires de la garnison me sont assez connus pour être persuadé qu'il ne me sera pas difficile d'atteindre mon but ; mais si, contre mon attente, des *malveillants, quels qu'ils puissent être, cherchaient, par des discours, à décourager le soldat*, s'il s'en trouvait même d'assez osés pour faire pressentir qu'il faille rendre la place, ils seront à l'instant arrêtés et chassés de la ville... »

Dans une cité où les traditions de l'antique honneur national ont conservé tout leur empire, cet appel au patriotisme devait avoir, et il eut en effet le plus grand succès ; un seul sentiment, celui du devoir, anima dès lors tous les défenseurs de la place :

A partir du 30 juin, les différents corps composant la garnison eurent leurs postes fixes, déterminés par la proximité des quartiers occupés par chacun d'eux. Dans cette distribution du service, la défense de l'avancée d'Arches et de la partie nord de la ville fut spécialement confiée à la milice bourgeoise, qui eut en outre des détachements de canonniers sur tous les points de défense de la place ; (1) les douaniers occupèrent la citadelle, et les jeunes gens de Charleville le côté de St-Julien, conjointement avec un détachement du 22e de ligne. Les autres troupes étaient échelonnées dans les ouvrages du sud et de la Couronne de Champagne.

Du reste, pendant les dix premiers jours du blocus, il y eut peu de mouvement de la part de l'ennemi, qui avait besoin de préparer ses moyens d'attaque.

Voici quels étaient ses établissements à la date du 10 juillet :

1º Un camp en avant du village de St-Laurent : quartier-général à Vivier-au-Court ;

2º Un second camp en avant de Villers-Semeuse, avec postes avancés à Mohon et pont sur la Meuse en arrière du Theux ;

3º Un autre camp à La Francheville, derrière le bois de ce nom ;

4º Enfin, un quatrième camp entre Prix et Warcq.

Charleville avait d'ailleurs reçu une forte garnison, et reliait le camp de Warcq à celui de St-Laurent par les deux Montcy et le bac du Petit-Bois.

(1) L'artillerie urbaine formait alors deux campagnies de près de 100 hommes chacune. La première, organisée depuis longtemps, avait pour principaux officiers MM. TISSET, vieux troupier ayant fait la campagne d'Égypte, et REIGNIER, autre brave dont la famille habite encore Évigny ; les sous-officiers étaient MM. HARDY, BOQUILLON, LECOMTE, DUGUET, LEBÈGUE, etc. — La seconde compagnie venait d'être formée, et avait été placée sous les ordres de M. POINÇOT, officier qui sortait de l'artillerie. — D'autres militaires rentrés dans leurs foyers faisaient également partie de cette compagnie, où ils rendirent les plus grands services. De ce nombre étaient MM. GERMAIN, canonnier décoré, et LEMOINE, qui furent installés, avec dix autres jeunes gens et trois pièces de canon, dans les ouvrages avancés du faubourg de Pierre.

Indépendamment de ces deux compagnies spéciales et d'une subdivision de pompiers commandée par le sergent Roger, les habitants de Mézières formaient alors quatre compagnies de garde-nationale proprement dite, et dont les officiers étaient MM. DURIF, GROSSELIN, NESTRE, BEAUDIER, etc., etc.

Quatre batteries fortifiaient alors ces positions et avaient été établies, la première, à droite du Moulin-à-Vent, entre Charleville et la route de Flandre ; la seconde, sur le chemin de Montjoli ; la troisième, entre Mohon et la ferme des Granges ; et la quatrième, en avant de cette ferme.

Le 11 juillet, le général Hake envoya sommer le général Lemoine de lui remettre la ville, la citadelle, leur armement, les munitions et les magasins en tout genre, et, « *en conséquence des événements qui venaient d'avoir lieu à Paris,* » de se retirer avec ses troupes sur la Loire.....

C'en était donc fait ? la France était bien et dûment vendue une seconde fois à l'étranger, quand il eût suffi de vouloir pour rejeter l'ennemi au-delà des frontières ! quand l'armée et le peuple n'attendaient qu'un mot, l'une pour suivre l'Empereur dans une nouvelle campagne, l'autre pour se dresser en masse devant l'invasion !... En ce moment critique et solennel, le peuple et les vaillants soldats de nos légions impériales avaient seuls, en effet, conservé le culte des grands principes de dignité nationale ; seuls, ils sentaient l'affront infligé au territoire, par suite de la perfidie des traîtres ; et ils ne pouvaient croire encore que tout fût fini, tant le dévoûment de chacun leur paraîtrait chose naturelle, tant ils étaient habitués à voir dans l'Empereur l'homme de l'imprévu. Mais ces soldats incrédules, dont la place était aux frontières, ce peuple chevaleresque, qui devait y combattre avec eux, cet Empereur, dont chacun attendait de nouvelles résolutions, et qu'un arrêt homicide allait atteindre lui-même, la trahison d'un parti les avait séparés pour les annuler et les faire assister ainsi, témoins impuissants et muets, à la honte de leur pays, aux scènes navrantes de l'invasion !!!

Déjà, à cette époque du 11 juillet, pendant que

l'Empereur attendait à l'île d'Aix son fatal embarquement pour l'Angleterre, les coalisés étaient entrés à Paris, et, après eux, les Bourbons, dont ils avaient relevé le trône, en leur imposant les traités qui ouvraient notre frontière de cinq larges brèches!... L'outrecuidance du général prussien s'expliquait, mais elle ne devait nullement intimider les assiégés; le général Lemoine ne daigna même pas répondre à son adversaire....

Malgré tout, les batteries ennemies se turent encore; seulement, les grandes gardes reçurent l'ordre de harceler nos avant-postes, et, dès ce moment, on se tiraille sans cesse.

Le 13 juillet, les assiégeants tentèrent de s'établir dans le village de St-Julien, et en furent repoussés avec perte. Le canon de la place les délogea également de la maison Descarreaux, située au bas des allées de Charleville, et d'où ils tiraient sur nos travailleurs de l'avancée d'Arches. Ce même jour, le général Lemoine essaya de se débarasser des bouches inutiles; mais il avait compté sans le dépit tout récent du général prussien, qui donna l'ordre formel de ne laisser sortir personne de la place. (1)

Le 14, l'ennemi rétablit un instant son feu de la maison Descarreaux; et, cette fois, la garde bourgeoise perdit des hommes dans la demi-lune et dans la lunette de droite de l'avancée d'Arches. Il y eut également plusieurs blessés.

Pendant la nuit du 15 au 16, le général Hake, toujours furieux de la résistance qui lui était faite, fit tenter l'ouverture d'une tranchée qui devait partir de la hauteur de Montjoli et se relier à Tivoli par

(1) Cet ordre datait de quelques jours déjà, car ce fut avec beaucoup de peine, et en se couvrant, paraît-il, de la soutane d'un prêtre, que, dès le 8 ou le 9 juillet, M. le baron de Trémont, alors préfet des Ardennes, parvint à gagner le séminaire de Charleville, où il se retira.

les fossés de la route de Flandre ; mais, au point du jour, le feu de la place fit abandonner ces ébauches.

Ici se place, sous la date du 17 juillet, un épisode à la fois douloureux et significatif, et que nous ne devons point omettre, bien que le général Lemoine l'ait passé sous silence, et pour cause, dans son rapport officiel.

Pour la première fois depuis bien longtemps, ce jour là, un courrier de la malle-poste, dirigé sur Sedan, se présenta à la porte de Pierre, et parvint à pénétrer dans la place à l'insu de l'ennemi. Les dépêches dont il était porteur confirmaient pleinement les communications faites le 11, par le général Hake : l'entrée des Alliés à Paris et l'avènement du du roi Louis XVIII. Le Conseil de défense dut s'assembler immédiatement, et il décida que, pour préparer les troupes et la population au sacrifice qu'on allait exiger d'elles, une proclamation leur serait adressée. Mais, par suite de la négligence d'un employé de la mairie, cette proclamation, rédigée fort tard, et qui devait être affichée le 18, au point du jour, n'avait pas même été portée chez l'imprimeur !

Le lendemain donc, à huit heures du matin, quand la ville et la garnison devaient être depuis longtemps instruites de ce qui se passait, personne ne savait rien encore !

C'est alors que les soldats, inquiets depuis la veille, sortirent sans ordre de leurs quartiers. Dans tous les corps, la fermentation devenait extrême, et il était à craindre que ces hommes ne finissent par se livrer à des actes que leur patriotisme et leurs sympathies pour l'Empereur n'eussent pas suffisamment excusés. — Que veut-on de nous ? criaient-ils par les rues. — Qu'a décidé le Conseil ? — D'où vient son silence ? — On nous humilie ! — Peut-être va-t-on nous livrer à l'ennemi ?

Bientôt les habitants de Mézières partagèrent l'anxiété des troupes ; et, à la seule pensée de céder à l'étranger qui les pressait, ils entrèrent eux-mêmes dans un effrayant état d'exaltation.

A la mairie, où les ordres donnés la veille, et sans résultat, avaient été réitérés, le valet de ville fut surpris dans ce moment d'irritation générale, enlevant tout simplement, avec des ciseaux, la partie rouge et la partie bleue du drapeau tricolore…

« De la part de cet agent, dit le commandant Traullé, c'était un moyen économique d'obtenir un drapeau blanc ; mais la garnison y vit une insulte à ses couleurs. »

Aussi, en un instant, et pendant que le malheureux sergent de ville tombait aux mains des soldats présents, avec un aide-de-camp du général Lemoine, qui avait voulu le défendre, y eut-il un soulèvement général des troupes. De leur côté, les canonniers de la ville coururent à leurs pièces, « *ne voulant pas qu'on les livrât à l'ennemi.* » Enfin, après avoir enlevé le drapeau blanc du clocher de l'église, pour y placer, à deux reprises différentes, l'étendard aux trois couleurs, les jeunes gens de la compagnie de Charleville arrivèrent, à leur tour, avec leur propre drapeau, qu'ils entendaient planter à l'hôtel-de-ville et l'y défendre, renouvelant ainsi l'héroïsme des chambres représentatives d'une autre époque…

Malheureusement, c'était en pure perte que se produisaient tant et de si beaux dévoûments ; et l'on doit les plus grands éloges aux officiers qui surent prévenir les suites d'une lutte devenue inutile.

Parmi ces généreuses interventions, nous devons citer celle du commandant Traullé, qui dégagea lui-même les deux prisonniers de la mairie, et qui harangua courageusement, ainsi qu'il le dit lui-même, « *les jeunes courages et les vieilles moustaches de la place.* » C'était le moment de donner l'exemple de la résignation, en insistant sur la nécessité de rester unis. Le vieux brave le comprit. « Sachons nous soumettre, dit-il ; acceptons, arborons ensemble, et sans murmurer, le drapeau royal et la cocarde blanche !.... Un soldat, ajouta-t-il en manière de correctif, un soldat sert toujours son pays, quel que soit le gouvernement que les circonstances lui donnent. »

L'insurrection n'eut pas d'autres suites, mais elle ne put être complétement calmée que le lendemain 19 ; et, dans certaines compagnies, les officiers éprouvèrent encore les plus grandes difficultés pour y donner communication des extraits du *Moniteur*, en attendant la publication de l'ordre du jour du général, qu'on imprimait enfin.

CHAPITRE IV.

Journée du 20 juillet. — La ville de Mézières fait enfin sa soumission au gouvernement royal et continue à fermer ses portes aux coalisés. — Nouveau dépit du général Hake; — sa lettre dudit jour au général Lemoine. — Manœuvres employées pour favoriser la désertion parmi les gardes nationaux de la Meuse. — Le gouverneur de la place y oppose en vain les effets d'une proclamation. — Causes de l'insuccès de cette proclamation.

Ce ne fut que le 20 juillet, à la suite de la publication de l'ordre du jour du 17, que put avoir lieu la soumission officielle de la ville de Mézières, par l'adoption du drapeau blanc : encore les habitants y mirent-ils la condition « que cette mesure ne changerait rien à l'état de siége de la place, *n'entendant nullement se soumettre aux Prussiens.* » (1)

De son côté, l'ennemi n'entendait pas s'éloigner; le général Hake se montra même très-courroucé de ne pas avoir reçu personnellement la soumission de la ville. Voici en quels termes il répondit, ce même jour, à une demande que lui avait adressée le général Lemoine.

(1) Textuel. — (Papiers du commandant Marion.)

«.Au quartier général à Sedan, le 20 juillet 1815.

» A Monsieur le lieutenant-général Lemoine, commandant supérieur de la place de Mézières.

« MONSIEUR LE GÉNÉRAL,

» J'ai reçu la lettre que vous m'avez fait l'honneur de m'écrire le 18 de ce mois, par laquelle vous me demandez un passe-port pour un officier que vous voulez envoyer à Paris. Mon devoir, comme soldat, ne me permet de souffrir aucune communication d'une place forte ennemie avec tel endroit que ce soit: *d'ailleurs je ne vois pas que cette démarche puisse être nécessaire.*

» J'ai fait connaître aux souverains alliés la position de la forteresse de Mézières, et *l'esprit que la garnison a manifesté jusqu'à présent.* Sa Majesté le roi Louis XVIII en aura connaissance ; elle doit son retour en France aux succès des armées alliées. La personne du roi, son trône et la capitale sont entre leurs mains, et reposent tranquillement.

» Plusieurs forteresses, entre autres Maubeuge, ont ouvert leurs portes aux troupes alliées; d'autres s'en occupent. *De la méfiance envers elles attirera nécessairement sur la France de nouveaux et plus grands malheurs.*

» Qui veut appartenir au roi Louis XVIII doit se réunir aux troupes alliées et marcher avec elles ; *d'après la dure expérience que le roi et nous venons de faire, une simple assurance ne peut pas suffire.*

» On ne reconnait à Paris que deux partis, celui qui est pour le roi ou pour nous; et l'autre qui est contre nous *ou pour Bonaparte.*»

» Quant à une suspension d'armes, je n'ai ni le droit, ni l'intention d'y consentir, parce qu'elle me retarderait dans mes travaux.

» J'ai l'honneur d'être, etc.

» *Le général en chef de l'armée du nord de l'Allemagne,*

» Signé : HAKE. »

C'est-à-dire que le représentant de Sa Majesté prussienne était piqué au vif, et qu'il savait parfaitement à quoi s'en tenir sur les *sentiments* des Macériens. Aussi, pendant les jours suivants, poursuivit-il avec la plus grande activité les travaux qui devaient le rapprocher de la place. Ses efforts tendaient notamment à construire deux nouvelles batteries, l'une dans le Jardin-Bourdier, en arrière de la maison Descarreaux ; l'autre, en avant et dans les jardins du village de Mohon.

A ces nouveaux moyens d'attaque le général prussien en joignit d'autres encore, qui consistaient à désorganiser la résistance. . . . .
. . . .

C'est ainsi que des émissaires occultes répandaient dans les postes avancés, et jusque dans les chemins couverts, des écrits insidieux et apocryphes, où les défenseurs de Mézières étaient considérés comme en état de rébellion contre le roi Louis XVIII, par suite de leur résistance aux soldats de la coalition !

Ces viles manœuvres avaient pour but d'agiter les troupes, d'ébranler leur courage, en un mot de les entraîner à la désertion. Elles eurent ce résultat, mais seulement parmi les gardes-nationaux de la Meuse, jeunes gens timorés, qui se croyaient réellement compromis, en combattant contre nos *bons amis les Alliés*, et que la proximité de leur pays protégeait mal, d'ailleurs, contre les alarmes exagérées de leur conscience.

« Pour ne pas être mis en accusation comme rebelles, disaient les pamphlets, les soldats de l'*usurpateur* doivent regagner au plus tôt leurs foyers. »

Et les gardes-nationaux d'en agir ainsi en toute occasion, aidés en cela, pour leur sortie de la place, par les mêmes émissaires qui les avaient égarés...

On le voit, dans leur lâche abandon des sentiments qui devaient être le salut du pays, les partis n'avaient pas seulement vendu la France à l'étranger : ils la lui livraient, en faisant planer la terreur réactionnaire sur ses enfants !....

Dans cet état de choses, et sur l'avis du Conseil de défense, le général Lemoine fit paraître l'ordre du jour suivant, qui ne manque certes ni de tact, ni d'énergie :

« Au quartier-général à Mézières, le 22 juillet 1815.

» SOLDATS !

» J'ai employé tous les moyens possibles pour faire cesser les hostilités ; toutes mes démarches ont été inutiles ; j'ai cependant fait connaître au général en chef des Alliés la soumission de la garnison à notre gouvernement.

» L'ennemi veut donc la place et les propriétés qu'elle renferme !

» Soldats ! c'est le moment de lui prouver que nous sommes toujours Français ; sachons faire usage de toutes nos ressources, pour l'empêcher de pénétrer dans cette forteresse.

» Je compte sur votre zèle et sur votre bravoure : je saurai faire récompenser l'un et l'autre ; mais je saurai aussi punir très sévèrement ceux qui s'écarteraient des principes d'honneur. *Déjà des individus ont été assez lâches pour vouloir abandonner leurs drapeaux* ; ils ignoraient sans doute, les insensés, que tous les déserteurs sont conduits à Luxembourg et forcés d'y prendre du service contre leur patrie !

» Ces lâches sont traduits à un conseil de guerre, et bientôt il en sera fait justice.

» Je ferai tout pour la garnison et pour les habitants ; mais *ma sévérité se fera sentir indistinctement sur quiconque compromettrait la sûreté de la place* : je me plais cependant à croire que jamais on ne me mettra dans cette cruelle nécessité, et qu'au contraire nous aurons tous la gloire d'avoir pu résister aux tentatives de l'ennemi.

» Le présent ordre sera, de suite, imprimé et affiché par les soins de la mairie de cette ville.

» *Le lieutenant-général commandant supérieur de la place de Mézières, en état de siége,*

» Signé : LEMOINE. »

Malgré son appel aux meilleurs sentiments, cette proclamation ne devait pas arrêter les progrès de la désertion ; et cela, parce que les perfidies anti-nationales devenaient de plus en plus actives, parce que, dans cette lutte du patriotisme contre les intérêts des mécontents, ces derniers trouvaient de nombreux auxiliaires et devaient l'emporter. Que faut-il, hélas ! pour que les passions des hommes se manifestent ? — L'occasion. Or, en ravivant les espérances de la noblesse presque tout entière, notre échec de Waterloo avait également souri à une certaine portion de la bourgeoisie, qui aspirait depuis longtemps au repos. Nobles et bourgeois favorisaient donc les menées odieuses que nous avons signalées, menées où beaucoup voyaient une revanche, et qui témoignaient, pour tous, du désir de regagner le temps perdu. Nous verrons bientôt jusqu'où nos compatriotes allèrent dans cette voie.

CHAPITRE V.

Travaux de l'ennemi au 23 juillet. — La bombe des canonniers *Rousseau* et *Seret*. — Autre fait dû au canonnier *Libert*. — Le général Lemoine accusé de *trop laisser faire l'assaillant*; — il se décide enfin à *troubler* l'ennemi par une double attaque. — Sortie de Mohon ; — ses résultats et nos pertes en cette circonstance. — Remarque du commandant Traullé.

Revenant aux opérations matérielles du siége, nous voyons que, du côté de Charleville, les ouvrages de l'ennemi l'avaient conduit, dès le 23 juillet, au bas de la promenade des Allées, c'est-à-dire à moins de 300 mètres de la place ; et que là, malgré le feu des assiégés, il travaillait à élever une forte batterie communiquant avec les bâtiments de Tivoli, où il avait un dépôt de gabions et de fascines.

« C'était le cas, remarque le commandant Traullé, de se ruer sur les travailleurs. » Puis il ajoute : « Le général n'en donnant pas l'ordre, une douzaine de braves Macériens prirent l'initiative en gagnant à la course l'extrémité du pont, et attaquèrent la redoute, que l'ennemi abandonna sans résistance. » (1)

(1) « Cette sortie eut réellement lieu à l'insu du général, par les hommes du poste de l'avancée d'Arches, qui entrèrent de vive force dans le Jardin-Bourdier, d'où les artilleurs ennemis s'enfuirent épouvantés. » *(Papiers du commandant Marion.)*
La tradition va plus loin encore : elle prétend qu'avant de sortir de la redoute, les Macériens y déposèrent « *quelque chose.* »

Ces douze hommes, auxquels s'étaient joints quelques voltigeurs du 22e, et dont faisait partie M. Chevalier, alors receveur des domaines, avaient à leur tête les canonniers Rousseau et Seret, qui savaient une de leurs bombes tombée dans l'ouvrage ennemi, et dont la grande envie était de reprendre cette bombe, qui n'avait point éclaté. En effet, pendant que leurs camarades continuaient à donner la chasse aux Prussiens, en marchant d'arbre en arbre, dans les Allées et sur la route de Flandre, ces deux artilleurs enlevèrent audacieusement leur projectile, avec lequel ils rentrèrent bientôt dans la place, après avoir escaladé de nouveau les palissades. (1)

Ajoutons que, le même jour, presque en même temps, cinq autres canonniers bourgeois faisaient également leur sortie, mais par le côté opposé de la place, couverts seulement par le revers des fossés de la route. C'est ainsi qu'ils tombèrent inopinément sur un poste ennemi, placé près de la ferme des Granges, et auquel l'un d'eux, nommé Libert, enleva d'emblée un mannequin de paille, que les soldats de la coalition appelaient ironiquement « *l'Empereur !* »…. Ces hommes rentrèrent en ville, eux aussi, sans avoir été inquiétés, même de loin, par le poste qu'ils avaient intrépidement délogé ; comme leurs camarades de l'avancée d'Arches, ils étaient partis spontanément, et n'avaient pu résister au désir de punir de leur insolence ceux qu'ils voyaient chaque jour se livrer à des

---

(1) La bombe macérienne ainsi reconquise, ce glorieux trophée que le général Lemoine eût dû conserver, en y faisant inscrire les noms de nos deux braves canonniers, alla tout simplement reprendre sa place à l'arsenal, avec les 6 *livres* de poudre qu'elle renfermait, car « *c'était une magnifique 12 pouces de 148.* »

Nous devons ce témoignage à Rousseau lui-même, qui vit encore, Rousseau, le vieux pannetier de la rue des Remparts, que nous avons interrogé chez lui, et en qui on aime à retrouver toute la vivacité de l'enthousiasme ardennais, tout le civisme martial de nos grandes époques.

risées impies. — O dévoûment anonyme ! tu seras toujours le véritable dévoûment.

Ces deux faits, que le commandant Traullé qualifie de simples espiègleries, n'en causèrent pas moins une vive et salutaire impression dans la place, où l'on accusait le gouverneur de « *trop laisser faire l'assaillant,* » et où les *espiègles* macériens furent hautement complimentés. Sous cette pression de l'opinion publique, le général Lemoine se contenta de dissimuler son dépit, et se décida enfin à prendre des mesures pour troubler plus efficacement l'ennemi dans ses moyens d'attaque. Voici comment il s'explique lui-même relativement aux sorties qu'il ordonna :

« Le 24, dit-il, je fis sortir quelques hommes du 22e, qui, dispersés en tirailleurs, attaquèrent l'ennemi. Celui-ci occupait un poste au-dessus et à droite d'une maison dite Belle-Vue, située à environ 240 mètres de l'avancée du Pont-d'Arches. Cette sortie avait pour but de reconnaître les ouvrages qu'il avait faits sur ce point...

» Le 25, je reconnus que l'ennemi avait construit, à environ 600 mètres au nord de la ville, une batterie qui avait six embrasures, masquées chacune par deux gabions et qu'il avait fait un boyau conduisant de cette batterie à Charleville. Je reconnus aussi qu'il avait travaillé dans le village de Mohon, situé à environ 800 mètres au sud de la ville.

» *Menacé sur tous les points,* je résolus de faire une sortie, afin de reconnaître de plus près ses travaux, et je l'ordonnai après m'être assuré que chacun occupait le poste qui lui était assigné.

» Un bataillon composé de douaniers, de volontaires de la garde-nationale sédentaire et de plusieurs compagnies de la 3e légion des Ardennes, sortit par la citadelle, et se dirigea sur Saint-Laurent, village situé à 4 kilomètres à l'est de la ville, que l'ennemi occupait, et où il avait un parc.

» Ce bataillon fut on ne peut mieux dirigé par M. le major Baudin.

» Un autre bataillon, sous les ordres de M. le major Coblence, composé de douaniers, de la compagnie du 22e de ligne, et d'hommes choisis dans les bataillons des gardes-nationaux de la Meuse, ayant deux pièces de campagne, masquées par deux pelotons de cavalerie, de vingt hommes chacun, sortit par la porte du Pont-de-Pierre, et se dirigea sur le village de Mohon, en avant duquel l'ennemi avait construit différents ouvrages et dans lequel il y avait quatre bouches à feu.

» Ce bataillon, marchant avec rapidité sur cette direction, arriva jusqu'à l'ennemi, qu'il n'avait pu apercevoir, celui-ci s'étant retranché dans un boyau et dans différents trous de loup, qu'il y avait à l'entrée du village. Une vive fusillade s'engagea, et, malgré l'avantage que lui donnait sa position, l'ennemi fut culbuté. Le village fut enlevé et traversé au pas de charge, et ses pièces de canon restèrent en notre pouvoir ; mais il fut impossible de les enlever et de conserver le village, l'ennemi ayant reçu un renfort considérable de tous les environs.

» Je me vis donc contraint d'ordonner la retraite, qui se fit dans le plus grand ordre sous la protection des deux pièces de campagne et de l'artillerie de la place.

» Je dois des éloges à M. le major Coblence et aux troupes qu'il a dirigées.

» La ferme constance du bataillon sorti par la citadelle imposait à l'ennemi. Il avançait toujours, précédé de quelques tirailleurs ; mais bientôt une forte colonne, tant d'infanterie que de cavalerie, le força à la retraite. Il rentra en ville sans avoir été inquiété par les troupes étrangères qui n'avaient osé le poursuivre.

« Notre perte a été d'environ 40 hommes mis hors de combat. (1) Celle de l'ennemi a été considérable, à en juger par les morts qu'il laissa sur le champ de bataille ; on a vu, vers les deux heures de relevée, quantité de voitures, attelées chacune de six chevaux, prendre la route de Sedan. Elles étaient chargées de blessés. » (2)

Quoi qu'il en soit, cette tentative *in extremis*, ou plutôt cette *représentation donnée par ordre*, suivant une expression du commandant Traullé, n'eut aucun résultat. La batterie des jardins de Mohon, qu'il s'agissait surtout de détruire, continua à tirer sur la ville ; les redoutes des Granges, sur lesquelles on devait se rabattre pour en enclouer les pièces, après avoir vigoureusement refoulé les postes voisins, ces redoutes restèrent également intactes ! Enfin, il résulte du témoignage des officiers du temps, que la sortie de Mohon avait été mal concertée, et qu'en poursuivant l'ennemi sur la route de Sedan, au lieu de se jeter, par la droite, sur les ouvrages à peine terminés, les 200 hommes qui l'effectuèrent furent sur le point d'être coupés de la ville, par suite de l'arrivée subite des détachements de la landwehr cantonnés à Evigny,

(1) Bien que le général Lemoine n'en dise rien, les habitants de Mézières avaient fourni à la sortie de Mohon un notable contingent de combattants. On cite notamment les canonniers ou simples gardes-nationaux dont voici les noms : CHARLIER, détaché en tirailleur, et qui engagea l'action par son premier coup de feu ; MESTRE, dit *Vengeur*, qui poursuivit un Hessois jusqu'à la porte de l'auberge du *Cheval-Blanc*, où il le tua d'un coup de sabre ; VASSEUR, atteint mortellement dans les jardins du village, et emporté par l'ennemi, avec un sapeur des douaniers ; HUBERT, tué également pendant l'action ; BAFOUR, rapporté blessé ; HOCLET, frappé de deux balles, mort en 1855, garde-champêtre de la ville ; enfin, CRÉTON et WILLÈME, dignes émules de MESTRE, et dont l'énergique concours put être apprécié. Nous aurions voulu comprendre dans cette liste d'honneur tous les Macériens qui payèrent généreusement de leur personne en cette circonstance ; mais, jusqu'ici, nos recherches ne nous ont pas permis de le faire.

(2) Mémoire déjà cité, p. 11 et suivantes.

à Fagnon, à La Francheville, détachements qui avaient pu se rallier immédiatement, grâce à l'incurie de notre général. D'ailleurs, ce n'était ni à Mohon, ni à St-Laurent, mais à Charleville, que les assiégeants devaient être troublés et assaillis.

« Avec la moitié des moyens employés où ils le furent inutilement, dit Traullé, la batterie du Jardin-Bourdier eût été détruite et désarmée en un tour de main, et on ne peut douter qu'un acte aussi vigoureux n'ait eu une bien autre importance sur le moral des assiégeants. »

Il est certain que, ce résultat obtenu, le général Hake eût compris qu'il n'avait plus à combattre pour le succès, et qu'il était d'ailleurs du dernier ridicule d'éterniser le siége d'une ville dont les habitants avaient fait leur soumission au nouveau gouvernement, ville qu'il n'occuperait, dans tous les cas, qu'à un titre essentiellement transitoire. Mais il n'en fut pas ainsi, et Mézières continua à lutter intrépidement contre les ennemis de toutes sortes qui avaient conjuré sa perte.

CHAPITRE VI.

La réaction a des affidés jusque dans la place. — Expulsion de deux officiers. — Bombardement de la ville. — Héroïsme et dévoûment des canonniers *Rousseau, Martinet* et *Thiéry*. — La bombe miraculeuse ; — lettre de M. le curé Damery. — L'ennemi cesse son feu et demande un armistice pour enterrer ses morts.

Le 25 juillet, peut-être à l'heure même où avaient lieu les sorties de Mohon et de St-Laurent, le Conseil de défense eut la preuve que deux officiers attachés à l'état-major du général Dumonceau, alors encore à Mézières, mais sans commandement, y correspondaient avec les émissaires du dehors. (1) Voici l'ordre du jour que le général Lemoine dut publier en cette occasion :

Mézières, le 25 juillet 1815.

« Le lieutenant-général, commandant supérieur de la place de Mézières, en état de siége, fixant son attention particulière sur les rapports que chaque jour on lui fait, que des officiers se permettent publiquement des observations sur les opérations de la défense de la place, lesquelles paraissent de nature à jeter des inquiétudes parmi les troupes de la garnison et à amener nécessairement des résultats fâcheux ; considérant que les sieurs Villé et Marie, tous deux adjoints à l'état-major, ont poussé le désordre encore plus

(1) On prétend que ces bons Français employaient des bouteilles, qu'ils jetaient à la Meuse, pour faire parvenir leurs missives.

loin, en se mettant en correspondance sur tous les mouvements que l'ennemi fait, et sur ceux qui ont lieu dans la place, comme le prouve le rapport qu'a fait ce matin M. Villé, employé à l'observatoire, et M. le capitaine Marie, maintenant sans fonctions.

» Ce rapport, qui est tombé entre les mains du gouverneur, ne devait cependant, d'après son ordre du 11 courant, être communiqué à qui que ce fût.

» Cet ordre a été sciemment, et avec intention, enfreint ; et rien ne peut calmer son indignation, lorsqu'il remarque que les deux rapports n'étaient pas semblables, celui adressé à M. le capitaine Marie offrant beaucoup plus de détails et de circonstances. Le gouverneur considérant en outre, qu'il est à sa connaissance que les *déserteurs étrangers, soldats français, et bourgeois rentrant dans la place*, après avoir été interrogés dans ses bureaux, sont mandés et conduits chez le sieur Marie, pour y subir un nouvel interrogatoire ; ce qui constate évidemment que sa maison est un foyer d'insubordination envers les lois, les règlements militaires et l'autorité compétente dans la place ; voulant réprimer tous ces désordres, a arrêté ce qui suit :

1° Les sieurs Marie et Villé seront de suite mis aux arrêts de rigueur, avec une sentinelle à leur porte, jusqu'à ce qu'on puisse obtenir du général ennemi leur sortie de la place,

2° M. le commandant d'armes est chargé d'assurer les dispositions de cet arrêté, pour ce qui concerne les arrêts et les sentinelles,

3° Le présent ordre sera lu à la tête de toutes les compagnies des troupes de la garnison.

» Signé : LEMOINE. »

Ces prétendus *déserteurs étrangers, français et bourgeois rentrant dans la place*, n'étaient autres que des affidés de la réaction ; et pour les avoir reçus chez eux, à l'insu du gouverneur, les sieurs Marie et Villé devaient être mis aux arrêts d'abord, puis hors de la place. O simplicité !... La grenouille qu'on noie, pour la punir de ses méfaits sur la terre, fut-elle jamais plus heureuse et mieux à même d'être utile à ses amis, les habitants de l'onde ? Nous avons peine à le croire.

La permission qu'il s'agissait d'obtenir du général ennemi pour la sortie des officiers ainsi *expulsés*, ne devait pas se faire longtemps attendre : on prétend que ces messieurs furent conduits à Charleville le même soir, en même temps et sans doute aussi avec les mêmes égards que M. le procureur général Mejean, et plusieurs dames dont les parents habitaient cette ville. (1)

Et de MM. Marie et Villé plus on n'entendit parler à Mézières, au moins pendant le siège (2). — Est-ce à dire qu'ils étaient allés cacher au loin la honte de leur conduite ? Personne ne le pensa, et beaucoup crurent, au contraire, qu'ils restèrent devant la place, et qu'ils en hâtèrent le bombardement....

Ce qui est certain, c'est que le 26, à deux heures du matin, toutes les batteries prussiennes ouvrirent leur feu, non contre les ouvrages de défense, mais contre les édifices de la ville et les maisons particulières. Rien ne fut épargné, pas même l'église, pas même l'hôpital, dont les lits durent être entassés dans les salles du rez-de-chaussée et jusque dans les caves. Mais rien n'intimida, non plus, les braves Macériens, qui répondirent immédiatement par un feu non moins vif, dirigé sur les batteries ennemies : jeunes et vieux, riches et pauvres, tous étaient prêts à mourir pour la défense de la place. C'est en vain que l'incendie s'alluma sur des points différents : comme les canonniers, les pompiers se trouvaient à leur poste, et des secours efficaces, conduits par les officiers municipaux et par les chefs militaires, étaient portés partout avec autant de rapidité que d'intelligence. Même en tombant dans les rues, beaucoup de projectiles prêts à s'enflammer, devenaient inoffensifs, grâce à l'habileté et au dévoûment des habitants,

(1) Suivant Traullé, cette mission, en ce qui concerne le magistrat désigné, lequel était mourant, avait été confiée à un aide-de-camp du général Dumonceau, à M. de Tabor, qui rentra dans la place presque immédiatement. Le commandant du poste de l'avancée d'Arches, qui ne s'attendait pas à ce retour subit, fit tirer le canon sur la voiture, qu'il n'avait pu reconnaître ; mais heureusement l'officier ne fut pas atteint.

(2) Plus tard, M. Villé seul y prit sa retraite ; et alors Mme Villé, née Robert, obtint le bureau de la loterie.

qui savaient, ou s'en préserver, ou s'en emparer en temps utile. Les femmes, elles aussi, bravaient courageusement cette pluie de fer et de feu qui tombait sur la ville, et portaient à leurs maris, à leurs fils, à leurs frères, les provisions de bouche que ceux-ci consommaient sur place !

La France compte un certain nombre de villes qui furent ainsi défendues par leurs habitants ; mais il n'en est pas, nous le croyons, où l'énergie du patriotisme ait été poussée plus loin, où surtout plus d'héroïsme ait été associé à plus de simplicité et de véritable grandeur.

— Rousseau ! dit, au plus fort du bombardement, une des nobles pourvoyeuses dont nous venons de parler, laquelle s'adressait à un canonnier bourgeois ; Rousseau ! le feu de l'ennemi vient d'atteindre ta maison : elle brûle.

— Tant pis ; je n'y peux rien faire, dit l'artilleur interpellé, sans perdre de vue la batterie ennemie, sur laquelle il était en train de pointer sa pièce : je suis à mon poste et j'y reste.

Hâtons-nous de le dire, ce canonnier stoïque était précisément le pannetier Rousseau, que nous connaissons déjà. Chargé de famille, Rousseau ne possédait, pour toute fortune, que cette maison menacée de ruine ; et, en présence d'ennemis dont la ténacité compromettait la fortune et la sécurité publiques, il ne pensait nullement à lui !... Ce ne fut que plus tard, quand il eut appris que sa femme venait d'être dangereusement blessée, que le brave *alla faire un tour chez lui*, où gisait, en effet, au milieu des débris de toute sorte, la mère de ses enfants..... En tombant sur la masure du canonnier, une seconde bombe avait enlevé à une poutre un éclat qui, de son côté, avait atteint la courageuse femme à l'épaule, au moment où elle achevait d'éteindre l'incendie allumé par le premier projectile. La blessure ne manquait pas de gravité (1), Rousseau le comprit; et, après quelques soins donnés par lui, il n'en regagna pas moins sa batterie.......

Sur un autre point de la ville, près de la porte de Saint-Julien, un adolescent est frappé mortellement, dès le 26, par un éclat d'obus; et, pour ne pas quitter le poste qui lui a été assigné, son père, l'artilleur MARTINET, se dispense d'assister à l'inhumation du jeune martyr....

Enfin, dans l'ouvrage attenant à la tour Gaillard, un employé du bureau des domaines, devenu artilleur lui aussi, arrivait à servir seul, et sans relâche aucune, le mortier puissant qui lui avait été confié, (2) et dont les projectiles allèrent porter le désastre dans la batterie du Jardin-Bourdier. (3) — Nous avons nommé M. THIÉRY, aujourd'hui receveur de l'enregistrement, fonctionnaire dont la modestie nous empêche de révéler le rare mérite.

Et combien de Macériens de cette trempe? — On n'en cite aucun qui n'ait ainsi sacrifié son repos, sa fortune et son sang à la défense de la place : tous obéirent au sentiment du devoir, en restant cons-

(1) Mme Rousseau n'en fut guérie complètement qu'au bout de trois années.

(2) Trois hommes étaient d'abord chargés de la manœuvre de ce mortier; mais, le 26 juillet, pendant que l'un d'eux, nommé CLÉMENT, était envoyé ailleurs, l'autre, le jardinier BLOUET, fut blessé mortellement sur le pont-levis de la porte Noire. Blouet stationnait là, venant de transporter à l'hôpital un sous-officier du bataillon de la Meuse, qui avait été blessé près de la porte St-Julien, quand un boulet, parti de la batterie de Mohon, le frappa lui-même au milieu d'un groupe de gardes nationaux de service, groupe où se trouvaient MM. THÉRU, MINOT, CHOPIN (déjà chef de bureau à la Préfecture), et LORIEUX, chirurgien que tout Mézières a connu.

(3) C'est dans cet état d'isolement que l'intrépide surnuméraire fut trouvé, à une heure du matin, par deux de ses amis, MM. Chopin et Millon, qui lui apportaient des rafraîchissements.

tamment à leur poste pendant ce bombardement impie!....

Il était deux heures du soir (d'autres disent quatre heures), quand l'ennemi cessa son feu ; deux de ses batteries avaient été démontées. Il parvint, il est vrai, à les rétablir pendant la nuit suivante. Le lendemain donc, au petit jour, la ville fut de nouveau écrasée de bombes, d'obus et de boulets qui se croisaient en tous sens, qui tombaient sans relâche, sans trêve, sans pitié !

De son côté, l'artillerie de la place redoubla d'activité. A une heure, elle avait de nouveau démonté les deux batteries de Mohon et du Jardin-Bourdier ; à trois heures, le feu de l'ennemi était complètement éteint.

C'est en vain donc que les sujets de Sa Majesté prussienne avaient lancé dans la place plus de 6,000 projectiles de mort ; c'est en vain que l'incendie, allumé en soixante endroits, y avait causé pour près d'un million de perte matérielle (1); c'est en vain que cent

(1) Ce chiffre est emprunté au rapport du gouverneur, et ne comprend que les dommages causés aux particuliers. Nous le croyons exagéré. Plusieurs magasins appartenant à l'Etat, entre autres celui de la Couronne de Champagne, où de récentes commandes d'armes avaient amoncelé des milliers de bois de fusils, étaient également anéantis. Les édifices publics avaient reçu, de leur côté, les plus rudes atteintes. L'Eglise surtout, avec son haut clocher, souffrit d'autant plus cruellement, qu'elle était pour les assiégeants un point de mire naturel. On y voit encore, suspendue à la voûte, devant l'autel dit de la Vierge-Noire, une des mille bombes tombées sur l'édifice, et qu'on a eu soin de maintenir dans cette position.

Nous possédons sur cette particularité un document important, dû au *Journal des Ardennes* du 30 novembre 1815. C'est une lettre adressée au rédacteur de cette feuille, par M. Damery, alors curé-doyen de Mézières ; nous la reproduisons textuellement :

A Monsieur le rédacteur du *Journal des Ardennes*.

MONSIEUR,

« Depuis le bombardement de Mézières, on m'écrit de toutes parts

familles manquaient de pain : Mézières était debout encore, et personne n'y demandait merci !...

« Aux habitants sans ressource, dit le général

pour me demander des détails exacts et authentiques sur le fait de la bombe arrêtée et suspendue à la voûte de notre église. Pour épargner mon temps et pour satisfaire la pieuse curiosité des fidèles, je vous prie de consigner ma réponse dans votre journal.

» Le 26 juillet, jour de Ste-Anne, pendant le bombardement qui avait commencé au milieu de la nuit, et qui, de plusieurs batteries à la fois, était uniquement dirigé sur l'église, au milieu d'une grêle de bombes, une entre autres, après avoir traversé le toit, est venue percer le milieu de la voûte à l'entrée de la chapelle de la Vierge-Noire, et y a dessiné à peu près sa circonférence par celle d'une ouverture bien arrondie qu'elle y a formée ; mais y est restée suspendue de manière à laisser saillir une partie de son globe en dessous de la voûte.

» La force du projectile a-t-elle naturellement et justement expiré là, ou le bras divin l'y a-t-il miraculeusement arrêté ? Je n'en sais rien. Mais ce qu'il y a de remarquable, de frappant et qui tient du prodige, c'est que cette bombe se soit avancée jusqu'au dernier point de contact qui pût la retenir, sans passer outre ; c'est qu'elle ne soit pas tombée jusqu'à terre, comme tant d'autres ; c'est qu'elle n'ait point éclaté ; c'est qu'au milieu des ruines et d'un fracas universel, pas un de nos sept autels n'ait reçu une égratignure ; c'est qu'une petite Vierge, haute d'environ 70 centimètres, couverte d'un globe et placée à l'angle d'une vaste fenêtre, à côté de la Vierge-Noire, soit restée intacte ainsi que son verre, tandis que le vitrage auquel elle touchait presque a été pulvérisé ; c'est qu'une autre Vierge, presque de grandeur naturelle, ait été précipitée par un boulet de canon, de près de 5 mètres de haut, sans aucune fracture ; c'est qu'un obus se soit trouvé au pied de la table de communion, sans qu'on ait vu, dans toute l'étendue du chœur, aucune trace de son passage. Sans doute que, bondissant du milieu de la nef, il aura franchi les deux degrés du chœur, sans éclater ni dans l'église, ni sous mon bras, lorsque je l'emportai précipitamment chez moi avec le ciboire, dans la persuasion que c'était un boulet.

» Assurément, l'observateur religieux sera disposé à reconnaître en tout cela, comme en bien d'autres choses, les signes d'une protection toute spéciale de la sainte Vierge, protection que j'attribue aux ferventes prières que mes paroissiens n'ont cessé d'adresser avec moi au ciel, et à cette bonne Mère des chrétiens, pendant toute la durée du siége.

» J'ai l'honneur, etc.

» Signé : DAMERY, curé-doyen de Mézières. »

Lemoine, en son rapport, j'ai fait fournir 400 rations de vivres par jour, et j'ai ordonné qu'on logeât dans les casemates et les souterrains leurs femmes et leurs enfants. Je ne puis passer sous silence leur calme et leur sang-froid dans cette malheureuse catastrophe. »

Est-ce là un témoignage suspect ?

Malheureusement, loin de toucher le général ennemi, cet excès d'héroïsme ne fit qu'enflammer son dépit. Pourtant, comme s'il eût été persuadé de l'inutilité de ses efforts, pendant la nuit suivante, il fit réunir son parc sur les hauteurs de Sury, en arrière de Warcq.

Le 28, il demanda et obtint un armistice pour enterrer ses morts, qui étaient nombreux, et parmi lesquels était un capitaine d'artillerie tué dans la batterie du Jardin-Bourdier. En même temps, un parlementaire annonçait l'arrivée, au quartier-général ennemi, d'un commissaire muni de pouvoirs émanant du ministre de la guerre, et chargé d'aplanir les difficultés.

Toutes ces circonstances semblaient indiquer un dénoûment prochain, que le nouveau monarque n'avait que trop fait attendre...... Mais il n'y avait encore qu'une nouvelle et odieuse comédie de la réaction !

CHAPITRE VII.

Un prétendu négociateur. — Désappointement et dépit du général prussien. — La ville est menacée de nouveaux malheurs. — Sévices exercés dans les tranchées contre les travailleurs français; — Courageuse résolution d'un habitant de Warcq. — L'ennemi attaque la flèche de la citadelle et pénètre dans l'île de St-Julien. — Combats divers. — Incendie d'une partie du faubourg....

Quelle ne fut pas la surprise du général Lemoine, lorsque, loin de trouver sur l'avancée d'Arches le commissaire spécial du roi, qu'il s'attendait à y rencontrer, il vit M. Millon de Villiers, ex-sous-préfet de Mézières, personnage dont on parlait dans le pays en termes assez peu révérencieux. Son étonnement augmenta encore, quand il sut que cet étrange négociateur était au camp ennemi depuis six jours. Il y avait donc été le témoin impassible du bombardement dont les ruines fumaient encore !... L'indignation du gouverneur fut à son comble, lorsque le quidam osa lui remettre ce qu'il nommait pompeusement sa dépêche, pli ouvert, daté à Paris du 15 juillet, et dont tous les généraux des troupes étrangères avaient eu connaissance... « J'en avais à peine pris lecture, rapporte le général, que le chef de l'état-major du général Hake me proposa de lui remettre la place aux mêmes clauses et conditions que Maubeuge s'était rendue. »

Inutile de dire que ces propositions furent repoussées avec mépris, et que MM Millon et consors en furent pour leurs frais et pour leur honte.

Désappointé lui-même, le général prussien donna congé au malencontreux négociateur, qui reprit la route de Paris, après avoir exprimé le désir « *que rien ne fût entrepris contre la place avant d'avoir les ordres textuels de Sa Majesté.* » Mais, là encore, M. de Villiers devait échouer, car, le même soir, on s'aperçut que les assiégeants réparaient leurs batteries, qu'ils en construisaient même de nouvelles! D'un autre côté, la vigie du clocher signala bientôt un convoi considérable d'artillerie venant de Sedan...

La ville était donc menacée de nouveaux malheurs!.. Ces travaux d'approche auxquels on ajoutait sans cesse, ce matériel de siége, augmenté ainsi ostensiblement, ne dénonçaient-ils pas l'acharnement de l'ennemi ? Enfin, cette armée de siége, toujours au grand complet, malgré les pertes énormes qu'elle éprouvait, disait assez que, loin de vouloir lâcher prise, le général Hake était décidé à enlever de vive force ce qu'il ne pouvait obtenir par la ruse.... (1)

(1) Il est un fait odieux à mentionner ici après tant d'autres : c'est que les tranchées au moyen desquelles les assiégeants espéraient s'emparer de la place, étaient ouvertes par nos compatriotes des villages voisins, qui devaient s'y relayer conformément aux indications de l'état des réquisitions dont chaque commune était frappée. Nous avons entre les mains un de ces états : il prouve que, chaque nuit, Aiglemont fournissait 12 travailleurs, Nouzon 20, Neufmanil 15, Joigny 10, etc., etc. ; — et Dieu sait combien de fois ces hommes, qu'un raffinement de cruauté appelait à piocher la terre sous le canon de leurs concitoyens, eurent en outre à protester contre les actes de brutalité dont ils étaient l'objet ! On raconte que, poussé à bout par les sévices exercés contre lui, indigné surtout d'être l'auxiliaire, le complice des ennemis de la France, un des travailleurs de la commune de Warcq, alors occupé au boyau de Montjoli, s'avisa un jour de planter là ses outils, et qu'après avoir essuyé plusieurs coups de feu en passant la Meuse à la nage, il alla se joindre aux assiégés !... Ce brave Ardennais vit encore et se nomme CHARLIER ; il est décoré de la médaille de Sainte-Hélène, dont nous le trouvons digne à plus d'un titre.

Pourtant, dans la soirée du 31, nos batteries de l'avancée d'Arches et de la demi-lune du Grand-Quartier ayant fait taire de nouveau celles de Tivoli et des Allées, les assiégeants parurent se retirer dans leurs lignes intérieures. Mais quelques heures après, l'attaque recommençait, plus terrible qu'auparavant, dirigée, cette fois, contre la flèche de la citadelle.

Il y eut là une première escarmouche qui ne se termina pas à notre avantage : une redoute fut forcée, et occupée jusqu'au point du jour, malgré l'énergique résistance des douaniers chargés de la défendre, et qui durent se retirer momentanément dans les chemins couverts de la contre-garde.

Pendant la nuit suivante, nouvelle attaque des mêmes ouvrages, que les nôtres n'abandonnèrent alors, et à un instant donné, que pour permettre à l'artillerie de la citadelle de foudroyer les assaillants. Cette manœuvre réussit à ce point, que le versant ouest du *Bois-en-Val* fut littéralement couvert de morts. Pour les assiégeants, c'était payer bien cher la gloire d'*attaquer le taureau par les cornes*, ainsi que nos *bons amis* se vantaient d'oser le faire ! Nous voulons bien croire à la bravoure des soldats de Sa Majesté prussienne ; mais, en cette circonstance, ils avaient aussi leurs petites ruses de guerre, et cette double attaque des postes retranchés de la citadelle n'était en réalité qu'une feinte démonstration devant appeler notre attention de ce côté, pendant qu'ils porteraient eux-mêmes leurs forces sur un autre point.

En effet, ce jour-là même, l'ennemi envahit la presqu'île de Saint-Julien, qui couvre au sud-ouest le faubourg de ce nom, et qui était jusqu'alors restée intacte. Ses avant-postes ne purent toutefois dépasser la ferme de la *Warenne*. Dès le lendemain, il y commença sa première parallèle et termina la construction de deux ponts qui devaient faciliter ses communications, l'un avec le camp de Prix, l'autre avec le village de Warcq.

Le faubourg de Saint-Julien, contre lequel allaient désormais se porter tous les efforts des assiégeants, avait été fortifié avec d'autant plus de soin qu'il touche aux glacis de la place. Ses avenues étaient palissadées, ses maisons crénelées ; l'une d'elles avait même été convertie en une sorte de blokaus qui dominait toute la péninsule. Enfin, la défense de cette position avait été confiée à un officier de la vieille garde, au capitaine Goujare, lequel avait sous ses ordres un excellent détachement du 22e, un autre des gardes nationales mobilisées, et la compagnie des jeunes volontaires de Charleville.

Un premier engagement eut lieu dans la journée du 3 août, entre nos avant-postes et quelques pelotons sortis de la ferme de la *Warenne*, engagement où nous eûmes un certain nombre de blessés. Sans doute l'ennemi jugea l'occasion favorable pour s'emparer du faubourg, car le même soir, à onze heures, il se rua sur les dernières maisons, pendant que d'autres troupes attaquaient à la fois les ouvrages de la citadelle, toujours occupés par les douaniers, et ceux de l'avancée du Pont de Pierre, confiés à une compagnie bourgeoise.

Ce plan, qui laissait aux assaillants l'avantage de leurs masses, indiquait, de plus, une unité de pensée et d'action qui pouvait devenir funeste aux assiégés, en les forçant à diviser leurs forces déjà si restreintes. Mais l'intrépidité peut quelquefois suppléer au nombre, et ce fut ce qui arriva : à minuit, l'ennemi était repoussé de la citadelle et du faubourg du Pont de Pierre. Mais, à Saint-Julien, le combat devait être d'autant plus vif et plus acharné, que les colonnes chargées de forcer les ouvrages avancés, avaient été soutenues par de fortes réserves, qui s'étaient logées, pendant l'action, dans celles des maisons du village qui n'avaient pas été fortifiées, ou qui se trouvaient en dehors du rayon stratégique de la place. Il fallut agir successivement contre ces maisons pour en chasser les troupes qui s'y abritaient.

Excités par une noble émulation, nos compatriotes n'hésitèrent pas un instant : ils s'élancèrent impétueusement, franchirent tous les obstacles, et parvinrent à refouler l'ennemi jusqu'au *Bois-d'Amour*, où il se maintint, grâce au brouillard qui entravait le tir des canonniers de la place, mais non, toutefois, sans avoir fait des pertes considérables.

Nous avions, de notre côté, trois hommes tués et un plus grand nombre de blessés, — perte sensible, sans être en rapport avec les proportions et les périls de ce combat de nuit.

A dix heures du matin on se tiraillait toujours. (1) Suivant le commandant Traullé, c'est alors que les aides-de-camp du général Lemoine arrivèrent sur les lieux, et que, pour prévenir une nouvelle attaque sur ce point, des détachements de grenadiers armés de torches, furent chargés d'incendier la partie du faubourg qui avait été un point d'appui pour les assiégeants....

Malheureusement, le feu atteignit plusieurs des maisons qui devaient rester debout : le blokaus même fut détruit !... « Il y eut là, dit le même officier, un grand et regrettable désastre, si grand et si regrettable, que ceux mêmes qui eurent à se le reprocher en déclinèrent constamment la responsabilité... » (2)

Et tout n'était pas dit encore pour les pauvres gens de Saint-Julien !

(1) Rapport du capitaine Goujare du 4 août.
(2) Le commandant Traullé semble désigner ici le gouverneur et le chef du génie de la place. Il est au moins certain qu'en cette déplorable circonstance, le Conseil de défense ne fut point consulté.

CHAPITRE VIII.

Le général Hake répond à une communication du général Lemoine ; — dépit et outrecuidance des officiers prussiens. — Nouveau manifeste de la réaction. — La désertion continue parmi les gardes-nationaux de la Meuse. — Seconde attaque dirigée contre St-Julien. — Double combat près de la ferme des Granges. — Travaux de l'ennemi. — La nuit du 9 août.

L'insuccès des attaques de l'ennemi semblait devoir lui faire abandonner la partie. Il est à croire, en effet, que ces beaux officiers prussiens, naguère si vains de leur entrée en France, que ces fiers généraux de la coalition, toujours si bien fêtés dans les châteaux du voisinage, n'en commençaient pas moins alors à comprendre le ridicule de leur rôle, et à reconnaître combien la situation de leurs troupes devenait critique et périlleuse ; mais il fallait que leur mission s'accomplît ! il fallait humilier à tout prix ceux qu'ils appelaient toujours les *partisans de Bonaparte !*

La lettre suivante, due au général Hake, révèle ce désir secret, né du ressentiment de l'Europe et de la rancune de la noblesse française ; elle répond à une communication récente où le général Lemoine avait osé flétrir l'acharnement avec lequel les troupes alliées attaquaient, au nom du roi, une place de guerre défendue au même titre.

» Au quartier général à Belair, le 7 août 1815.

» A M. le lieutenant général Lemoine, commandant supérieur de la place de Mézières.

» Monsieur le général,

» J'ai reçu la lettre que vous m'avez fait l'honneur de m'écrire en date d'hier.

» Sans avoir aucun doute sur la sincérité de *vos* sentiments pour S. M. le roi Louis XVIII, je crois cependant devoir faire les observations suivantes :

» *Ce sont les troupes du roi qui ont désiré le retour de Bonaparte ; ce sont elles qui ont couru au-devant de lui aussitôt qu'il a mis le pied sur le territoire français ; ce sont elles qui lui ont ouvert les portes de la capitale ; ce sont elles enfin qui lui ont livré les places fortes.* D'après cela, vous ne devez pas être surpris que nous n'ayons pas beaucoup de confiance en ces mêmes troupes, malgré leur soumission, qui, d'après tout cela, ne semble être qu'une suite de changements de circonstances. Voici encore une preuve que je ne fais point la guerre au peuple français. Dans le cas où vous évacueriez la place, la garde urbaine resterait armée et continuerait à faire le service conjointement avec nous. Les troupes de ligne sous vos ordres pourront se retirer derrière la Loire avec armes et bagages et une artillerie convenable. Les gardes nationales mobiles seront, conformément aux ordres du roi, licenciées et renvoyées dans leurs foyers. *Quant à leur manière de penser comme à celle des habitants de Mézières relativement à la guerre et à la reddition de cette place, M. le général, elle nous est bien connue.*

» Si la personne sacrée du roi se trouve en sûreté entre les mains des puissances alliées, à bien plus forte raison peut-on lui confier une place forte.

» **La reddition de Mézières apporterait la paix à tout le département.**

» *J'ai l'ordre formel de vous attaquer, et vous n'avez décidément pas celui de vous défendre.*

» Les capitulations des places d'Avennes, Maubeuge, Landrecies et Marienbourg parlent contre vous ; leurs garnisons se sont réunies à l'armée de la Loire, et les officiers ont conservé leurs grades et leurs appointements. Ainsi donc, *s'il y a encore du sang de répandu, si la ville est réduite en cendres, si enfin le pays est écrasé, c'est bien vous qui aurez à vous le reprocher, et non pas moi.* »

» J'ai l'honneur, etc.

» Le général en chef de l'armée du nord de l'Allemagne,
» Signé : HAKE. »

On le voit, les coalisés ne se trompaient ni sur les sentiments qu'ils inspiraient, ni sur les sympathies de l'armée et des populations pour l'empereur Napoléon. Ils comprenaient qu'en ce moment ces sympathies avaient à la fois leur source dans un passé magnifique, rempli de luttes grandioses, et dans un présent lamentable, dû à un concours de circonstances exceptionnellement malheureuses.

« *Ce sont les troupes du roi qui ont désiré le retour de Bonaparte*, dit le général prussien, *et quant à leur manière de penser, comme à celle des habitants de Mézières, elle nous est bien connue.* »

Aussi, furieux d'avoir à compter avec cet état de l'esprit national, le général s'efforçait-il de dénigrer, par des appellations qu'il croyait blessantes, le guerrier dont il avait trop bien connu le génie pour n'en pas craindre jusqu'au galvanisme !....

» *J'ai l'ordre formel de vous attaquer*, ajoute-t-il, *et vous n'avez décidément pas celui de vous défendre.* »

L'arrogant élève de Frédéric II ne dit pas de qui émanait cet ordre formel ; mais les Macériens le devinèrent, et ils frémirent d'indignation, en pensant que les Bourbons ne régnaient pas pour leur propre compte, que la France était désormais placée sous la domination combinée des étrangers et des partisans de la contre-révolution, que le nouveau monarque, rappelé au trône de ses pères, *suivant la volonté du peuple français* (sic), devait obéir lui-même à un comité aulique de guerre.... et d'intrigues siégeant à la fois à Berlin et à Lyon, à Vienne et à Nantes, à St-Pétersbourg et à Bordeaux ; enfin, que le général Hake tenait ses pouvoirs de ce même comité, dont il était le représentant occulte et sans doute responsable, à en juger par la persistance de ses attaques.

« *Si la ville est réduite en cendres*, dit-il en terminant, *si le pays est écrasé, c'est bien vous qui aurez à vous le reprocher et non pas moi.* »

Moyen commode de s'innocenter, quand on combat uniquement pour le triomphe d'un vain amour-propre, quand on consomme la ruine de nombreuses populations pour le seul plaisir de les abaisser à la convenance de l'Europe!.... On le sait, le général prussien avait son mandat ; il fallait qu'il courût jusqu'à extinction les chances du siége commencé, sauf à rejeter sur ses adversaires la responsabilité des désastres dont il avait seul à s'accuser......

Ainsi fit-il, et sans négliger, pour cela, les petits moyens d'intimidation que nous avons signalés déjà.

Il est à remarquer, en effet, que cette attaque générale de la place, tentée le 4 août, par toutes les forces disponibles de l'ennemi, coïncidait précisément avec la publication d'un nouveau manifeste de la réaction, dont les exemplaires, comme ceux des précédentes proclamations, avaient été jetés sur les glacis et dans les fossés de la place. C'était bien un nouvel appel fait à la défection de nos troupes ; il portait la date du 3 août, et annonçait aux soldats « *qu'ils pouvaient sans crainte se présenter à l'état-major des alliés, où il leur serait délivré des passe-port pour retourner librement dans leurs foyers.* » De plus, en affectant de voir, dans les gardes mobiles, des paysans révoltés, l'écrit rappelait à ces hommes, « que les lois de la guerre autorisent à fusiller sur place, et sans jugement, tout paysan saisi les armes à la main ! » Enfin, pour faciliter la désertion des malheureux qu'égarait la crainte d'être en faute, les assiégants avaient ouvert un boyau qui conduisait du pont établi à Prix au bois de ce nom, tandis qu'un autre pont, construit en face de Tivoli, favorisait la fuite de ceux qui préféraient se rendre directement à Charleville......

Le dirons-nous? pendant la nuit du 6 au 7 août, 50 gardes nationaux de la Meuse passèrent ainsi le fleuve en transfuges....

Toutefois, l'ennemi n'en fut pas moins bien reçu, durant cette nuit, et sur le point même où la désertion venait d'être le plus active, c'est-à-dire dans l'île de St-Julien. Là veillait, on le sait, avec les jeunes gens de Charleville, toujours placés aux avant-postes, la compagnie du 22e, commandée par le capitaine Goujare. Attaqué vivement, vers dix heures, par une première colonne composée de plus de 600 hommes (1), tandis qu'une batterie volante, placée tour à tour aux Granges et à Mohon, lançait, de son côté, des obus sur tous les points de la ville, le vieil officier soutint le choc avec autant d'intrépidité que de constance ; mais son œil exercé ne tarda pas à voir dans l'ombre une seconde colonne, qui manœuvrait en silence et cherchait à le tourner. C'en était fait de la position, si l'artillerie de la place, et notamment celle de la branche droite de la couronne Champagne, qui put atteindre les assaillants par leur flanc, n'était venue joindre son feu à celui de l'infanterie. Malgré tout, ce ne fut qu'à deux heures du matin que l'ennemi se retira.

Trois palissades avaient été sapées, et l'on trouva sur les lieux des fascines et des mèches abandonnées. Deux hommes encore ivres y furent également relevés et faits prisonniers. On sut, par eux, que 3 mille combattants avaient été engagés dans cette dernière attaque et qu'ils comptaient bien nous surprendre, cette fois, et s'emparer du faubourg. Suivant le général Lemoine, ces hommes avouèrent aussi qu'ils avaient perdu beaucoup de monde « et que, toute la nuit, seize voitures avaient été employées à enlever les morts et les

---

(1) Traullé, *manuscrit cité*.

blessés (1). » Grâce aux retranchements qui les couvraient en partie, les assiégés ne comptaient qu'une dizaine d'hommes mis hors de combat.

L'ennemi venait d'échouer pour la seconde fois dans ses attaques contre le faubourg de St-Julien. Il est vrai de dire qu'il n'en poursuivait pas moins ses travaux d'approche. Ainsi, dès le 7, et malgré le feu de notre artillerie, il était parvenu à conduire sa seconde parallèle jusqu'aux promenades du *Bois-d'Amour*, où un cavalier de tranchée allait être armé.

De notre côté, le génie travaillait à élever une sorte de redan en avant de la poterne de la branche droite de la couronne de Champagne; mais cet ouvrage ne devait rien ajouter à la défense de la place; il était fait pour empêcher la désertion des gardes mobiles de la Meuse, que l'ennemi continuait à égarer.....

Le 8, il y eut là, entre le détachement chargé de protéger nos travailleurs et le poste des Granges, un combat pendant lequel le hameau fut pris et repris. « Cette partie de barres nous coûta peu, dit Traullé, mais l'assiégeant n'en fut pas quitte à si bon marché, parce que notre canon allait l'atteindre de plus loin. »

Le lendemain, pendant que le génie continuait les mêmes travaux, l'ennemi fut attaqué de nouveau et mené battant pendant une heure et plus. Nous eûmes, cette fois, un officier blessé grièvement, un sergent de voltigeurs tué, et plusieurs soldats mis hors de combat.

Le même jour, deux canonniers bourgeois furent également blessés sur les remparts, et plusieurs maisons fortement endommagées par les boulets et les obus que les assiégeants lancèrent de nouveau sur la ville, tout en accumulant sous ses murs les moyens d'attaque les plus formidables...

(1) Mémoire cité, page 22.

En ce moment les assiégeants avaient accès dans l'île de Saint-Julien par un chemin couvert, partant à la fois du pont de Tivoli et du pont de Prix, et allant aboutir, de chaque côté, à la dernière maison du faubourg.

Nous l'avons dit, tout n'était pas fini pour Saint-Julien ; « mais ce n'était plus corps à corps, remarque le commandant Traullé, que l'ennemi devait nous attaquer sur ce point : c'est en brûlant complètement le village, qu'il allait nous en chasser ! »

En effet, pendant la nuit du 9, les batteries des Granges et du *Bois-d'Amour*, même celles de Tivoli et de la Belle-Vue, qui avaient pu être rétablies, accablèrent le malheureux faubourg de bombes et d'obus, et en firent, en un instant, le foyer d'un vaste incendie. (1) En vain les hommes de la compagnie de Charleville et du 22e se multiplièrent pour arrêter le progrès des flammes et se maintenir dans la position qui leur avait été assignée. Cette pluie de feu qui embrâsait toutes les maisons à la fois, les rendait inaccessibles aux secours les plus intrépides; et ce fut à travers mille périls que nos braves en sortirent pour se retirer dans les ouvrages de la ville.

(1) La tradition met assez généralement sur le compte du général Lemoine ce nouvel incendie, qu'elle confond sans doute avec le premier. Les renseignements que fournit à cet égard le Mémoire dû au commandant Traullé, sont trop précis pour être inexacts : nous avons cru devoir en tenir compte ; d'ailleurs, ils confirment en cela le rapport officiel du général Lemoine.

En effet, à la page 25 de ce rapport *(Edition de 1843)* on lit ce passage :

« Dans la nuit du 9, j'occupais toujours le village de Saint-Julien, dont l'ennemi voulait à toute force s'emparer ; mais voyant que toutes ses tentatives étaient infructueuses, il conçut et mit à exécution le projet d'incendier le village, en l'accablant de bombes et d'obus. En peu de temps, l'incendie se manifesta à un tel point, que mes troupes furent obligées de l'évacuer et de se retirer derrière les palissades. »

Le 10, à 11 heures du matin, l'incendie durait encore....; et ces pans de murailles qui marquaient seuls alors la place des foyers domestiques, disaient éloquemment ce que pouvaient faire encore nos *bons amis* les Alliés, cela, sans que le gouvernement *restauré* osât s'interposer entre les victimes et les bourreaux!.. (1) Peut être le nouveau roi comprit-il la noblesse du rôle qu'il eût rempli, en disant à la coalition : « Assez, assez. » Mais, en vérité, pouvait-il s'aliéner ainsi ceux qui lui avaient remis une seconde fois le sceptre entre les mains ? — Evidemment non ; et c'est là ce qui explique la ténacité, ou plutôt la rage avec laquelle les assiégeants poursuivaient leur œuvre de destruction, — œuvre qu'ils allaient essayer de compléter en faisant approcher et les 90 bouches à feu de gros calibre réunies dans leur parc de Belval, et les 32 autres pièces de siége qui devaient leur parvenir dans la journée...

Toutefois, ce n'était pas pour faiblir au dernier moment que les habitants de Mézières avaient si vaillamment et si longtemps protesté contre la violation de leur territoire. Non ! leur ville devait être sauvée, et elle le fut, grâce à ce déploiement presque fabuleux d'héroïsme militaire et de courage civil qui avait jusque-là conjuré les plus audacieuses attaques.

---

(1) En 1835, les ruines de Saint-Julien étaient encore à peu près ce que la guerre les avait faites : l'état d'indigence de leurs propriétaires autant que les exigences des servitudes militaires, les avaient ainsi laissées intactes !...

« Que du centre du pays, dit l'auteur de l'*Annuaire statistique du département des Ardennes* (année 1834, p. 294), on vienne visiter ces ruines ; mais qu'on sache, en même temps, que ces malheurs n'abattent pas le courage des habitants de la frontière... » Nobles paroles que les Ardennais n'ont jamais démenties, et qui prouvent que malgré l'anathème formulé par M. de Cormenin, la littérature départementale compte, elle aussi, des hommes de cœur et de talent.

CHAPITRE IX.

Réflexions sur la position critique de la ville. — Démarches du Conseil municipal ; — ses lettres du 2 et du 4 août. — Le Conseil de défense propose de remettre la place aux alliés à titre de dépôt. — Priorité de cette proposition. — Adhésion du général Hake ; — motifs de cette adhésion. — Convention textuelle du 10 août.

Nous l'avons dit, dans cette lutte à outrance engagée contre eux, parce qu'ils semblaient avoir relevé l'épée des vaincus, les braves défenseurs de Mézières ne devaient pas faillir. Certes, en présence d'un ennemi qui croyait se grandir à la lueur de l'incendie, et quand les magasins d'approvisionnements de guerre renfermaient à peine de quoi suffire à une défense opiniâtre de huit jours, les visages pouvaient bien, à certains moments, déceler l'abattement des âmes, car il y allait de la fortune et de l'asile de toutes les familles ; mais, dans les cœurs, l'enthousiasme patriotique était resté le même. Et si les membres du conseil municipal et le brave commandant Marion lui-même, s'adressèrent collectivement au gouverneur de la place pour lui proposer de demander une suspension des hostilités, en attendant que les intentions du gouvernement fussent connues, c'est que ces hommes songeaient avec effroi aux édifices de la ville, et notamment à la Préfecture, dont les archives pouvaient être détruites, au grand préjudice du département tout entier. Encore s'en rapportèrent-ils, en cette occurrence, à la sagesse du gouverneur, « *ayant pris toutes les mesures de police capables de seconder ses efforts,* (1) *et déclarant que les habitants seront toujours prêts à renouveler les sacrifices qu'exigeront d'eux le service du roi et l'honneur.* (2)

Ces mots sont écrits en toutes lettres dans les pièces de correspondance annexées au Mémoire du général Lemoine. Les édiles macériens ne voulaient donc pas qu'on pût douter du courage de leurs concitoyens.

De leur côté, les membres composant le conseil de défense de la place avaient compris que ce n'était pas assez d'un excès d'héroïsme, pour épargner à la ville de nouveaux désastres, mais qu'un excès de prévoyance pouvait au moins lui assurer des avantages réels et relativement considérables. C'est ainsi que, réunis le 9 août, pour délibérer sur la situation faite à la ville, et sur les périls qui pouvaient la menacer, ils convinrent d'entrer en pourparlers avec le général Hake, en lui faisant proposer une convention d'après laquelle la ville lui serait confiée, « *à titre de dépôt, mais non autrement.* » (3).

(1) Lettre du 2 août, au bas de laquelle se trouvent les noms suivants : Adolphe de JAUBERT, maire ; LESCUYER, adjoint ; MARION, commandant de la garde nationale ; BOURDIER ; MILON ; DUBOIS ; NIQUE ; AMSTEIN ; RENAUDIN ; PARENT ; COULBAULT ; DUCHAUX et GUILLAUME, père.

(2) Lettre du 4 août, signée : Adolphe de JAUBERT, maire ; NIQUE, adjoint ; BOURDIER ; Alexis VERNON ; SATABIN ; LESCUYER ; DUBOIS ; RENAUDIN ; AMSTEIN ; PARENT ; A. LESCUYER ; COULBAULT ; TORENCE ; GUILLAUME, père, sous-préfet.

(3) La priorité de cette proposition appartient au commandant Marion, qui en fit part au général Lemoine par une lettre en date du 8 août. Il nous a été donné de voir la minute de cette lettre dans les papiers du vieil officier, qui protestait encore, pendant les dernières années de sa vie, contre l'imputation injurieuse suivant laquelle le découragement avait alors gagné jusqu'aux hommes dont il avait le commandement.

Poser une telle condition comme préliminaire de toute négociation, c'était blesser profondément la susceptibilité d'un ennemi qui venait de se renforcer, et dont le but avait été jusque là de rapetisser ses adversaires ; mais c'était entrer dans les vues des transfuges français, c'était servir leur cause, flatter leur amour-propre, et consacrer ainsi le triomphe de la légitimité sur le principe populaire, puisque la prise de possession de la ville aurait lieu au nom du roi Louis XVIII.

Si tenté qu'il fût d'éluder et même de repousser avec dédain une proposition qui était pour lui un outrage, le général prussien ne pouvait s'isoler des meneurs royalistes qui formaient son entourage, en cédant à sa propre inspiration : il donna donc, d'assez bonne grâce, son adhésion officielle à l'arrangement proposé, et désigna sur-le-champ deux de ses officiers, qui furent chargés, conjointement avec deux officiers français, de rédiger la convention projetée.

Voici cet acte dans toute sa teneur :

« Cejourd'hui, dix août mil huit cent quinze, à huit heures du matin, se sont réunis les soussignés, M. le colonel-baron de Witzleben, chef de l'état-major général, et M. le major de Bardeleben, commandant en chef l'artillerie de siége, nommés par Son Excellence M. le baron de Hake, commandant en chef de l'armée du nord de l'Allemagne, et MM. Coblence, major de la légion des douanes des Ardennes, et Lefebvre, capitaine aide-de-camp, nommés par M. le lieutenant-général Lemoine, commandant supérieur des forteresse et citadelle de Mézières, à l'effet de traiter et conclure une convention tendant à faire cesser les hostilités ; lesquels commissaires, après avoir exhibé leurs pouvoirs et les avoir échangés, sont convenus de ce qui suit :

Article 1er. — La place de Mézières sera remise, à titre de dépôt, aux troupes alliées, qui devront la rendre à la paix définitive à S. M. le roi de France, dans la situation où ils l'auront occupée, d'après l'état qui en sera dressé, si cette remise est convenue entre les puissances alliées et S. M. le roi de France.

Article 2. — Le onze, à midi, la tête du Pont d'Arches et tous les ouvrages jusqu'à la Meuse, ainsi que ceux extérieurs de la porte

Saint-Julien, seront remis aux troupes alliées ; le douze, elles occuperont la Couronne-de-Champagne jusqu'à la Meuse ; et le treize, à midi, le corps de la place.

Article 3. — Les troupes françaises désignées par le gouverneur comme nécessaires à la défense de la citadelle, y entreront une heure avant l'entrée des troupes étrangères dans la place ; le surplus sera, dans le jour même, licencié conformément à l'ordonnance du roi, et obtiendra des passe-port ou feuilles de route pour se retirer dans ses foyers.

Article 4. — Aucune hostilité ne pourra avoir lieu contre la citadelle avant le premier septembre prochain, époque à laquelle la garnison sera libre de se rendre derrière la Loire pour y joindre l'armée du roi, avec armes, bagages, deux caissons de munitions d'infanterie, et les chevaux de trait nécessaires au transport.

Article 5. — Le délai fixé jusqu'au premier septembre sera prorogé jusqu'au dix inclus, sans que les hostilités puissent recommencer, si M. le gouverneur déclare, le premier du même mois, vouloir, à cette dernière époque, faire remise de la citadelle de la même manière et aux mêmes conditions stipulées pour la place en l'article 1er.

Article 6. — Trente pièces de canon de différents calibres, formant l'excédant de l'armement de la citadelle, resteront sur les remparts de la place, et seront remises aux troupes alliées, aux conditions exprimées en l'article 1er. Elles conserveront également les magasins placés aux batteries et affectés à chaque pièce.

Article 7. — MM. les officiers de tous grades, les inspecteurs, sous-inspecteurs aux revues, commissaires des guerres, officiers de santé et autres employés militaires qui n'auront point été désignés pour le service de la citadelle, recevront des passe-port ou feuilles de route pour se retirer partout où bon leur semblera.

Article 8. — La garde urbaine continuera à faire le service intérieur de la place de Mézières, afin d'y maintenir la bonne harmonie qui doit exister entre les habitants et les troupes alliées, sous la direction du maire et du conseil municipal de la commune.

Article 9. — Il ne sera prélevé dans ladite place aucune contribution, soit en argent, soit en effets quelconques, les habitants ayant perdu, par suite du bombardement, la majeure partie de leurs ressources.

Article 10. — Les personnes et les propriétés seront respectées, et aucun individu ne pourra être inquiété pour ses opinions, ni pour la part qu'il aurait pu prendre pour la défense de la place.

Article 11. — Les cavaliers et préposés de douanes, momentanément militaires, conserveront leurs chevaux, harnachements, équipements, fournimens et leurs armes, qui sont leurs propriétés, ce qui est notoire, quand bien même ils voudraient se retirer pour se rendre isolément dans leurs foyers ; les armes seulement devront, dans ce dernier cas, être déposées dans un local désigné par le directeur des douanes, ou tout autre chef-lieu suppléant au chef-lieu de la direction à Charleville, où une sentinelle sera placée d'après les ordres de Son Excellence, afin de veiller à leur conservation ; mais ce directeur ne pourra les distribuer que lorsque l'administration centrale à laquelle ils appartiennent leur aura de nouveau assigné des fonctions publiques.

Article 12. — Tous les militaires blessés ou malades qui se trouvent à l'hôpital ou chez les particuliers, seront soignés avec humanité jusqu'à parfaite guérison ; un commissaire des guerres et des officiers de santé seront désignés à cet effet. Lorsqu'ils seront susceptibles de se mettre en route, il leur sera délivré des feuilles de route pour se retirer dans leurs foyers.

Article 13. — Tous les prisonniers de guerre existant dans la place seront mis de suite à la disposition de M. le général en chef ; les autres prisonniers, tant civils que militaires, appartenant à la nation française, resteront détenus jusqu'à ce que les tribunaux aient prononcé sur les délits dont ils sont prévenus.

Art 14, additionnel au 6°. — Il est bien entendu que les 30 bouches à feu et leurs approvisionnements, restés sur les ouvrages de la place, ne seront pas employés, dans tous les cas, contre la citadelle de Mézières.

Article 15. — La présente convention n'aura son exécution que lorsqu'elle sera ratifiée par MM. les généraux commandant en chef, tant des ville et citadelle de Mezières que de l'armée du nord de l'Allemagne qui en fait le blocus ; mais aussitôt cette ratification, il sera délivré des passe-port à deux officiers français, qui se rendront à Paris, à l'effet de mettre ladite convention sous les yeux de Sa Majesté le roi de France, et y prendre ses ordres relativement à la citadelle de Mézières.

Fait double à Belair, près Charleville, les susdits jour, mois et an que dessus. »

Signé : WITZLEBEN, colonel, chef de l'état-major ; BARDELEBEN, major, commandant l'artillerie du siège ; COBLENCE, major ; LEFEBVRE, capitaine, aide-de-camp.

Vu et approuvé,

Signé : HAKE, lieutenant-général et général en chef de l'armée du nord de l'Allemagne.

Approuvé par nous,

Signé : J. LEMOINE, lieutenant-général, commandant supérieur des forteresses de Mézières.

On le voit, cette virginité de gloire que l'histoire et la tradition attachent au nom de Mézières, était et devait demeurer intacte !... L'armée prussienne va faire son entrée dans la place, mais elle aura à sa tête un officier français !...

CHAPITRE X.

Entrée successive des corps étrangers; — ils ont à leur tête un officier français. — Licenciement des bataillons de la Meuse, des douaniers mariés et de la compagnie des jeunes gens de Charleville; — pertes de ces derniers pendant le siège. — Le général Lemoine se retire dans la citadelle avec 800 hommes; — au mépris de la Convention du 10 août, les alliés font des dispositions menaçantes pour l'y attaquer. — Indignation des habitants de Mézières.

Le 11 août, à midi, conformément à l'article 2 de la Convention, le commandant de la garde nationale se rendit, à cheval, à l'avancée d'Arches, et y reçut le général Hanigrebart, qu'il introduisit dans le faubourg, suivi d'un corps de 1,500 hommes. (1)

Le 12 et le 13, il en fut de même à l'égard du général d'Eglosthein et du général en chef lui-même, qui entrèrent, le premier, par la porte de Pierre, le second, par la porte de Saint-Julien. (2) En même temps avait

(1) La veille, le commandant Marion et un conseiller municipal, M. Hénon, s'étaient rendus au quartier-général des Alliés, et avaient fait observer au général Hake que le faubourg d'Arches était trop peu important pour loger 1,500 hommes. « Nous bivouaquerons sur les glacis, s'il le faut, répondit le général. » Et, en effet, la plus grande partie des troupes coucha à la belle étoile.

(2) Suivant la tradition, ces différents corps offraient un ensemble de 20 mille hommes. M. Lavoine (*Annuaire statistique du département des Ardennes*, 3ᵉ année p. 293) admet également ce chiffre formidable, lequel s'explique par les renforts que les assiégeants reçurent à diverses reprises. Ajoutons que la perte totale de l'armée coalisée était de 5 mille hommes !

lieu le licenciement des deux bataillons de la Meuse, de la compagnie des jeunes gens de Charleville, (1) et de tous les douaniers mariés.

Les quelques gardes mobiles restés dans la place en sortirent par le faubourg de Pierre, et non sans avoir été hués, tandis que sur le passage des deux autres corps, des cris d'admiration s'élevaient, même des rangs de l'armée étrangère, et faisaient de ce défilé d'une partie des défenseurs de la place une sorte de marche triomphale.

Le général Lemoine ne conserva que 800 hommes, avec lesquels il se retira dans la citadelle.

Le lendemain 14, il y eut dans la prairie de Saint-Julien une grande revue des troupes prussiennes, qui se rendirent là au nombre de 12 mille hommes.

« C'est ainsi, dit Traullé, que nous vîmes parader cette
» armée du nord de l'Allemagne, qu'on désignait si
» justement sous le nom d'*Européenne*. Il n'avait rien
» moins fallu que ces masses pour déplacer le poids
» qui dérangeait sans cesse l'équilibre du monde. La
» bigarrure des derniers pelotons révélait surtout
» l'esprit de cette immense association germanique,
» qui s'était ruée sur l'homme coupable d'en avoir
» fait si souvent trembler les membres. Il n'était plus,
» cet homme ! et ses ennemis encore épouvantés,
» cherchaient partout son ombre pour la combattre. »

Cette revue fut suivie d'un banquet auquel assistèrent les officiers supérieurs de la place, et où se trouvait également le prince Ferdinand de Prusse, alors

(1) Cette compagnie avait été formée dès les 25 et 26 juin, et comptait un effectif de 66 hommes ; elle avait perdu son tambour, nommé WARIN ; deux autres hommes, MM. LALBERTEAUX et LEVÊQUE, avaient également été tués, le premier à Saint-Julien, le second, devant le Grand-Quartier. Parmi les blessés, qui étaient nombreux, on comptait les nommés MANNE, BOUZIN, REGNAULT, etc, etc.

occupé à faire le siége de Charlemont. (1) On fit, de part et d'autre, honneur au vin de Champagne, en portant tour à tour la santé des assiégés et celle des assiégeants. La plus sincère cordialité semblait avoir remplacé tout-à-coup les dispositions hostiles, cause de tant de maux. Enfin, suivant la promesse et l'espoir du général en chef, l'effet de ces bonnes dispositions devait s'étendre aux autres officiers de la petite garnison française, « *à qui il serait permis de venir en ville.* »

Mais on avait compté sans la haine toute particulière que le généralissime des armées prussiennes portait à la France ; et bientôt la ville apprit que, loin d'approuver l'acte du 10 août, Blücher blâmait son lieutenant de l'avoir ratifié !... Enlever la place de vive force était, à son point de vue, le seul programme réalisable ; peu lui importait d'amoindrir les masses de la coalition, si l'on parvenait à épuiser ainsi les troupes et les munitions de ceux qu'il appelait des *rebelles*!.. Sans tenir compte de l'engagement pris par le général Hake, il exigea donc que la citadelle fût attaquée sur le champ, et chargea de ce soin le prince Ferdinand lui-même.

A cette nouvelle, il y eut dans Mézières un cri d'indignation et de rage, qui ne devait toutefois ni surprendre ni intimider un ennemi habitué à déchirer traités et conventions, et dont les ressources étaient inépuisables. Personnellement, le prince était sans

---

(1) Trente mille hommes avaient été mis à la disposition du prince Ferdinand, et il lui échappa de dire que le fort assiégé ne tiendrait pas 30 jours. « Je suis plus généreux que vous, prince, lui dit Traullé avec une rondeur toute militaire : je vous donne 60 mille hommes, et je vous réponds qu'on vous fera tête pendant plus de 60 jours. » L'évènement donna raison au commandant ; le siége de Charlemont dut être abandonné, et les Prussiens n'y entrèrent même pas à la paix. Cette forteresse servit d'appui à la droite des Russes pendant l'occupation.

doute honteux de sa mission, car il s'en acquitta sans paraître sur les lieux. Voici les travaux auxquels il présida.... de loin. Nous les énonçons en citant textuellement un rapport du commandant Delavigne, chef du génie de la place assiégée :

« Le 22 août, dit-il, sans provocation de notre part, l'ennemi entra en galerie dans le mur d'escarpe du bastion, à l'aide d'une cave du gouvernement qui est adossée à ce revêtement, (1) et pour ne point éveiller notre attention, il logea dans ce bâtiment des troupes de différents corps parmi lesquels se trouvait une compagnie de mineurs ; le même jour, il travailla à une batterie au-dessus de la porte Noire ; le 23, il commença une batterie blindée sur la place du marché et des batteries dans l'île Baudart, et le demi-bastion de droite de l'ouvrage à cornes d'Arches ; le 25, il établit une nouvelle batterie sur la rive gauche de la Meuse, près de l'extrémité de la branche gauche de la Couronne de Champagne ; le 26, il travailla à un pont de bateaux, pour lier les ouvrages des deux rives ; le 28, il établit dix plates-formes de mortiers dans le pré, au pied de l'escarpe du ténaillon de la porte Neuve ; le 30, il couvrit toutes les communications aux diverses batteries, soit par des levées de terre, soit par des épaulements en fascines, et retourna le parapet de la face droite de la demi-lune de la porte Neuve, pour y placer de l'infanterie ; le 31, au jour, il avait établi deux batteries de brèches, l'une de 8 pièces dans la demi-lune de la porte Neuve, l'autre de 4 pièces dans le rez-de-chaussée du gouvernement, vis à vis le bastion.

(1) Il s'agit ici du bastion dit de l'*Ecole* et de l'aile de l'Hôtel de la Préfecture affectée aujourd'hui au logement du général. Le rez-de-chaussée de cette partie de l'Hôtel (où se trouvait autrefois l'Ecole du Génie) a conservé des traces palpables des dispositions faites par l'ennemi pour l'attaque de la citadelle. On y remarque notamment la poutre, maintenant maçonnée dans la muraille, qui avait permis d'ouvrir les créneaux et les embrasures de canon jugés nécessaires.

» Enfin, le 31 au soir l'ennemi se trouvait avoir 28 mortiers en batterie sur cinq points différents ; deux obusiers au-dessus de la porte Noire, indépendamment de ces deux batteries de brèches qui étaient armées, et de ces deux fourneaux de mine au moyen desquels il pouvait faire une brèche de plus de 30 mètres sur la face gauche du bastion. »

On le voit, cette guerre impie dont souffraient depuis si longtemps les habitants de Mézières et des environs, cette guerre monstrueuse, suscitée à des Français par des Français, pesait de nouveau de tout son poids sur ceux-là mêmes qui avaient le plus fait pour l'éloigner.....

Et la France avait un roi ! ô humiliation !....

CHAPITRE XI.

Le général Hake explique ses dispositons hostiles ; — Nouvel acte de jactan e de sa part ; — son *ultimatum*. — Le conseil de défense y répond noblement. — Mission infructueuse du colonel Griois et du commandant Traullé. — Le général prussien se démasque complétement ; — sa rancune et sa perfidie. — Evacuation de la citadelle... — Fin de l'épopée macérienne... — Appendice. — Encore le général Lemoine ! Son titre de baron...

Dès le 27 août, le gouverneur de Mézières avait écrit au général Hake pour avoir des explications : sa lettre était restée sans réponse. Mais, dans l'armée prussienne, on disait d'une manière ostensible : « *que les Alliés ne faisaient qu'user du droit de représailles ; que la garnison de la citadelle avait, la première, violé la convention, en plantant deux palissades dans une embrasure.* »

N'était-ce pas joindre l'ironie à la déloyauté ?

Le 30, le général Lemoine écrivit de nouveau au général Hake, qui voulut bien lui faire savoir, cette fois, « *que l'affaire ne le regardait pas ; que Son Altesse Royale le prince Ferdinand avait seule le commandement supérieur de tous les siéges de la frontière, etc., etc.* » Le général prussien finissait par l'*ultimatum* que voici, et qu'il appelait une nouvelle Convention :

1. — La citadelle sera remise, le 11 septembre au matin, aux troupes de S. M. le roi de Prusse, qui la cernent actuellement.

2. — Pour gage de cette remise, la porte de la citadelle du côté de la ville, ainsi que les ouvrages extérieurs du côté de Saint-Laurent, avec armement, seront occupés au matin du 1ᵉʳ septembre, par les troupes de S. M. le roi de Prusse.

3. — Non-seulement l'artillerie, les munitions et armements de tous genres, et les magasins, mais aussi les cartes, plans et mémoires militaires, seront rendus aux troupes prussiennes.

Indigné de tant d'outrecuidance, le général Lemoine réunit immédiatement le Conseil de défense, et lui donna communication de l'étrange document qu'il venait de recevoir. C'est alors que fut prise la délibération suivante, où la situation est appréciée en termes d'une noble franchise, et qui contrastent avec le ton rogue et impertinent du manifeste prussien :

« Cejourd'hui, trente-un août mil huit cent quinze, le Conseil de défense, convoqué par l'ordre de M. le lieutenant-général Lemoine, commandant supérieur de la citadelle de Mézières, s'est réuni en son logement ; et, après la lecture faite, par le secrétaire de la place, des lettres-patentes, M. le gouverneur a donné connaissance de ses lettres des 27 et 30 de ce mois, adressées à M. le général en chef des troupes alliées, portant sa déclaration pour l'exécution des articles 4 et 5 de la Convention du 10 dudit mois ;

Vu les travaux offensifs que lesdites troupes font autour de la place ;

Vu la réponse, en date du 30, par laquelle M. le général en chef propose d'arrêter une nouvelle Convention, pour la remise de la citadelle, à l'époque du 11 du mois prochain, d'après laquelle la porte donnant vers la ville, et celle de secours, seraient occupées dès demain, 1ᵉʳ septembre, par les troupes prussiennes sous ses ordres, et par laquelle il insiste pour que ces dispositions soient regardées comme son *ultimatum* ;

» Le Conseil consulté,

» Considérant qu'il n'est parvenu aucun ordre de Sa Majesté qui puisse diriger sa conduite dans des circonstances aussi difficiles ;

» Que dans la position où se trouve la citadelle, il n'a plus la possibilité de la défendre ;

» Que livrer les deux portes de la citadelle serait consentir à une espèce d'emprisonnement ignominieux ;

« Est d'avis qu'il ne soit rien changé à la Convention du 10 août, qui doit toujours faire la base de sa conduite,

» Mais attendu qu'elle a été violée par les travaux exécutés autour de la citadelle, et qu'elle l'est également par la proposition du général prussien,

» Il y a, de la part du Conseil, nécessité, par force majeure, de consentir à la remise de la citadelle avant l'époque fixée par ladite Convention.

» Aucun membre n'ayant d'observation à faire, la séance a été levée.

Signé : « *Parent, Traullé, Juge, Baudin, Bellac, Delavigne, Griois et Lemoine, président.* »

Croyant toujours à la possibilité d'un arrangement, soit qu'il vînt d'un revirement de sentiment chez l'ennemi, soit qu'il émanât de l'intervention directe du nouveau roi, le gouverneur dépêcha vers le général Hake le colonel Griois et le commandant Traullé, qu'il chargea de s'entendre avec lui pour la remise de la citadelle, sans déroger en rien à l'article 5 de la Convention du 10 août, c'est-à-dire en prolongeant jusqu'au 10 septembre l'occupation de la citadelle par la garnison française. Mais, au lieu de recevoir les négociateurs, le général prussien se démasquant entièrement fit répondre, par un officier d'état-major, « *que si on n'adhérait pas aux propositions qu'il avait faites, à minuit précis, toutes les batteries joueraient contre la citadelle !* »

Cette menace mettait le comble à la conduite indigne de ce général, dont les troupes avaient pris pour cri de guerre : *Iéna !* c'est-à-dire *Vengeance !* De plus, elle expliquait, en la rendant au moins probable, cette phrase cruellement énigmatique, prêtée au même officier : « *Je donnerais mille louis pour un coup de feu tiré de la citadelle.* » Peut-être la tradition se trompe-t-elle en cela, mais enfin, elle prétend que le général prussien fut alors accusé d'avoir appelé de ses vœux l'occasion de renouveler, à Mézières, le massacre de Palerme......

Il est au moins certain que, pendant la nuit du 29 au 30 août, 8 mille Prussiens entrèrent dans la place, alors occupée par les corps saxons et hessois, qui avaient supporté le fardeau de quarante-huit jours de combats, et sur lesquels, dit Traullé, *on ne comptait pas assez*. Nous croyons, quant à nous, que ces troupes *fraîches* ne devaient agir que contre la citadelle, car elles furent immédiatement réparties sur les différents points d'attaque ; et c'en était trop déjà pour les habitants de la ville, qui sentirent renaître tout-à-coup les sentiments de haine que leur inspirait le contact de l'étranger. En présence de tant de mépris pour la foi jurée, devant un ennemi félon et déloyal, qu'on s'était habitué à ne pas craindre, il était bien difficile, vraiment, que les Macériens se tinssent en repos. Heureusement, les plus exaspérés se bornèrent à ronger leur frein, et le brave commandant Marion crut lui même prudent de ne pas tenter l'ieu....

Ce même soir, à onze heures et demie, le gouverneur consentit à la remise de la citadelle pour le lendemain 1er septembre, à la condition toutefois d'en sortir avec les honneurs de la guerre : tambour battant et mèche allumée ; en outre, le général stipula qu'il emmènerait une partie de son artillerie (1).

Ces conditions furent acceptées, et l'évacuation eut lieu le 3, en présence d'une foule respectueuse et attristée, qui acclamait, dans une poignée de braves, l'ombre de nos grandes légions impériales !

Quatre cents hommes, suivis de deux pièces de huit, de deux obusiers de six, et de six caissons de munitions, prirent ainsi la route de Paris, où ils furent licenciés. Quant aux officiers, on les obligea à prendre leur retraite.... « Je trouvai la mienne à Sedan, dit

---

(1) De son côté, le général prussien tint bon pour la remise des Plans et Mémoires relatifs à la place ; mais, pendant la nuit suivante, et grâce au dévoûment du commandant Marion, les documents les plus importants glissèrent discrètement du rempart de la citadelle, et furent reçus de même *dans le fossé, près du Moulin*, puis déposés en lieu sûr.

Traullé ; elle m'y attendait, alors qu'une balle ennemie pouvait encore me dispenser de l'accepter... » (1)

Energiques paroles, qu'on a souvent répétées, à Mézières, et qui n'y sont pas plus oubliées que la noble et martiale figure de celui qui les prononça. Nous avons tenu à les rapporter, parce qu'elles montrent avec quels cuisants regrets nos pères avaient déposé les armes...

Ajoutons que si jaloux qu'il fût de la gloire des soldats de Napoléon Ier, si indifférent qu'il avait dû se montrer, pendant le siége, pour les succès des assiégés, le roi Louis XVIII applaudit lui-même, mais plus tard, à la belle conduite des habitants de Mézières, en donnant pour drapeau à la garde nationale de cette ville, l'étendard même de Bayard, étendard religieusement conservé à l'hôtel-de-ville depuis plus de trois siècles, et sous lequel jeunes et vieux aimeront toujours à marcher.

Mais ce témoignage de royale satisfaction était-il bien sincère ? Nous en avons toujours douté ; et maintenant que nous connaissons les tribulations qui furent suscitées au général Lemoine, quand, en 1820 et 1821, il sollicita le titre de baron, nous croyons fermement que les princes de la maison de Bourbon ne partagèrent jamais les sentiments d'admiration que l'héroïsme des Macériens avait excités en France.

En effet, pour compléter nos recherches en ce qui concerne l'état où se vit réduite notre malheureuse frontière, pendant et après l'occupation étrangère, nous avons compulsé avec soin, dans les archives de la Préfecture, les registres et liasses du temps ; et là, parmi de volumineux dossiers se rapportant aux ré-

(1) La famille de Mme Traullé, née Pouppart, était de Sedan, où le brave officier vécut pendant la restauration ; plus tard, M. Traullé suivit sa fille à Paris, où il mourut en février 1842.

quisitions de vivres, et aussi aux doléances journalières qu'elles faisaient naître, nous avons été assez heureux pour découvrir une correspondance d'où il résulte « que le bien fait à Mézières, par le lieutenant-général Lemoine, devait au moins le justifier *de la faute de s'y être trouvé* (1). »

Ces documents trouveront place dans les pages suivantes, que nous consacrons aux souvenirs de cette paix douloureuse, ou plutôt de cette vengeance atroce, qui date du 25 septembre 1815, pages où nous arrivons également au retour triomphant des institutions impériales, c'est-à-dire à la glorification de nos braves compatriotes.

(1) Lettre du Commissaire du Roi au Sceau de France, — 12 juin 1820.

CHAPITRE XII.

Conséquences de la chute de l'Empire. — Les conseils de guerre et l'acte du 20 novembre. — Comment la présence des troupes prussiennes devait *pacifier* la France. — Détails navrants tirés des Archives départementales : — Nos champs et notre bétail ; — Arrondissement menacé d'*une exécution militaire* ; — Ce qu'était le magasin de Flize ; — Le bilan de nos pertes après quelques mois d'occupation.

Le 8 juillet 1815, le roi Louis XVIII était rentré à Paris, escorté, pour la seconde fois, par les armées de l'Europe, dont divers corps devaient bivouaquer au pied même des Tuileries, pourvus de canons et de tout leur attirail de guerre.... Le 13, la chambre des représentants avait été dissoute ; le 24, pour avoir siégé « *dans une prétendue chambre des pairs, instituée par l'usurpateur* » vingt-neuf membres de la chambre haute s'en étaient vu exclure. En même temps, une ordonnance royale livrait à toutes les rigueurs des conseils de guerre les généraux Bertrand, Drouot, Ney, Labédoyère, Mouton-Duverney, Cambronne, Lavalette, etc., etc. ; trente-huit autres généraux et savants étaient également exilés, coupables d'avoir été les compagnons de gloire du grand capitaine, ou seulement d'être toujours honorés de son estime...

Les 2 et 4 août, au moment précis où la municipalité de Mézières faisait les plus louables efforts pour arriver à une suspension des hostilités « *en attendant que les intentions du gouvernement du roi fussent connues* » Brune, Ramel et Lagarde étaient assassinés par les séides de ce gouvernement, le premier, à Avignon, le second, à Toulouse, le troisième, à Nîmes...

Enfin, le 26 septembre, l'empereur d'Autriche, l'empereur de Russie et le roi de Prusse signèrent à Paris, où ils commandaient toujours en maîtres, le traité dit de la *Sainte-Alliance*, qui prépara la plus épouvantable Convention qu'un roi eût jamais sanctionnée... Cet acte, qui déverse sur notre pays tous les genres d'humiliations, porte la date du 20 novembre. Le duc de Richelieu, stipulant au nom du nouveau roi, y reconnaît que, dans l'intervalle de cinq années, la France paiera aux souverains qui la dévastent, une contribution de guerre de 750 millions, en pourvoyant d'ailleurs à la solde et à l'entretien des 150 mille hommes de troupes étrangères qui devaient rester dans le pays *jusqu'à nouvel ordre*, pour y assurer la tranquillité...

Le tout fut couronné par l'institution des cours prévôtales, qui rappelait celle des tribunaux révolutionnaires, et scellé par le sang généreux des Labédoyère, des Ney, des frères Faucher, des Mouton-Duverney, des Chartran, des Bonnaire, des Miéton, des Borie... L'ire vengeresse du nouveau pouvoir pénétra jusqu'au sein de l'Académie, et en éloigna les membres les plus illustres pour y faire entrer des nullités bien pensantes ; l'Ecole Polytechnique elle-même, ce centre lumineux d'où s'étaient élancés naguère des héros de vingt ans, fut en partie licenciée, en attendant que l'Université voulût bien, à son tour, se soumettre aux exigence des Omars de l'époque !...

. . . .

Et maintenant veut-on savoir comment, tout en recourant à ces mesures draconiennes, la Restauration avait d'ailleurs assuré le *salut* de la France ? Comment, en ce qui concerne les Ardennes, la présence indéfinie des troupes prussiennes devait mettre fin aux ressentiments de nos pères ? — Les archives départementales vont nous édifier à cet égard.

Nous l'avons dit, il y a dans ce dépôt, pour l'époque de 1815, des documents importants et dont on ne saurait contester l'authenticité. Ils se composent de huit dossiers, qui comprennent ensemble plus de trois mille pièces, et qui portent les titres suivants, tous aussi peu flatteurs les uns que les autres pour notre amour-propre : — *Troupes alliées,* 1815. — *Parc de Charleville.* 1815. — *Casernement des troupes étrangères,* 1816. — *Armée d'occupation; cantonnements.* — *Armée d'occupation; transports.* — *Armée d'occupation; réquisitions; commission mixte prussienne,* 1815-1818. — *Autorités russes ; correspondance,* etc., etc.

Dans l'impossibilité de tout compulser, nous nous sommes arrêté à une statistique à la fois curieuse et triste, produite à la fin du mois de décembre 1815, par les maires des communes de *l'arrondissement* de Charleville. Il en résulte qu'en certains endroits, chevaux et bestiaux étaient alors réduits au tiers de leur population normale, et que partout la moitié des terrains étaient restés sans semences d'hiver, faute d'engrais pour les fumer, faute d'attelages pour les cultiver!

Voici des chiffres plus éloquents encore ; nous les extrayons des mêmes renseignements.

Avant l'invasion, la commune de Montcy-Notre-Dame possédait 28 chevaux; au 26 décembre, il en restait 8 !

A la même époque, Harcy comptait 60 vaches, sur 200 que ce village nourrissait peu auparavant ; Cliron, 150 moutons sur 500 ; Etion, 90 sur 300... Enfin, de ses 400 têtes de bétail, la commune de Gernelle n'en avait pas conservé une seule !...

« L'espèce qui a le plus flatté nos *souverains maîtres*, dit M. Lallement, maire de Nouvion, (1) est celle des poules, dont la destruction est totale en quelques communes. Plût au ciel, ajoute le même fonctionnaire, que notre malheureux pays ne soit pas condamné à subir pendant cinq ans une pareille expiation !... »

A ces pertes résultant de l'enlèvement des chevaux et du bétail, il faut ajouter celles qui provenaient non-seulement de l'enlèvement des meubles et du linge dans les maisons, mais encore du pillage des moissons et des légumes.

Ainsi, l'état fourni, à la date du 25 décembre, par le maire de Cons-la-Grandville, accuse pour cette petite commune un dommage de 11,490 fr. Pour Saint-Laurent, dont les trois quarts des maisons étaient *démeublées*, (2) et où 153 hectares de récoltes avaient été ravagées, la perte était de 36,352 fr....

Veut-on connaître aussi les chiffres de quelques communes appartenant à un autre arrondissement? — A Bazeilles, le dommage était de 33,850 fr. ; à Daigny, de 35,330 fr. ; à Fresnois, de 44,959 fr. ; à Douzy, de 58,968 fr. ; à Givonne, de 60,036 fr. ; enfin à Torcy, de 69,585 fr., dont 60,655 fr. pour enlèvement de meubles, linge et marchandises !... (3)

(1) Rapport du 26 décembre.

(2) Lettre du maire, datée du 1er janvier 1816.

(3) Dès le 4 juillet, l'arrondissement de Sedan avait eu à fournir, entre autres denrées, 565 sacs de froment, 219 de seigle, 495 d'orge 19,240 litres d'eau-de-vie ; 8,020 kilogrammes de sel ; 41,200 litres de bière ; 6,090 bouteilles de vin !... et, quelques jours après, 15,000 *aunes* de drap !!....

A la même époque, l'arrondissement de Vouziers avait été également frappé d'une première réquisition comprenant 1,000 sacs de blé, 1,500 sacs d'avoine, 112 sacs d'orge, 150 bœufs ou vaches du poids de 150 kil. au moins, 9,400 litres d'eau-de-vie et 2,250 kil. de

Voici, du reste, comment le Sous-Préfet de Sedan apprécie, à la date du 15 juin 1816, l'étendue des pertes supportées par son arrondissement. Nous citons textuellement :

« Jusque vers le 15 août, l'armée ennemie, dont les chefs accablaient l'arrondissement de réquisitions pour subsistances qui allaient en grande partie se perdre à Flize, (1) n'a pu, par l'effet même de ces réquisitions, être nourrie par les magasins ; les officiers et les soldats sont restés à la charge des habitants, qui ont dû leur fournir tout ce qu'ils exigeaient. Les marches, les contre-marches qu'exécutaient journellement les divers corps de cette armée, en ont doublé la charge ; et, en comptant, pour ces 50 jours, 20,000 hommes à 2 fr. par jour, tant pour les officiers, qui coûtaient dix fois plus, que pour les soldats, on est bien loin d'exagérer la dépense, qui pourtant se porte, pour cet objet, à 2 millions de francs.

» Après la capitulation de Mézières, le nombre des militaires qui sont restés dans l'arrondissement, a été réduit à environ 10,000 ; des passages qui se succédaient sans interruption y ont encore ajouté. Mais pour être aussi modéré à cet égard, on se borne à compter 8,000 hommes, qui, pendant 80 jours envi-

sel. Cette fourniture était destinée, partie au magasin de Flize, partie à celui de Sedan, et devait y être rendue, la première moitié *sans délai*, et l'autre partie dans les huit jours !... L'état de répartition entre les divers cantons de l'arrondissement fut dressé à la Sous-Préfecture, le 9 dudit mois, par les maires des communes chefs-lieux, et en présence de deux commissaires prussiens. Il était expressément dit dans le réquisitoire : « que les communes qui n'y obtempéreraient pas, s'exposaient à une *exécution militaire*, » c'est-à-dire au désastre complet des propriétés, à la ruine des habitants !

(1) Des bœufs entiers et surabondants se perdaient chaque jour dans le magasin de cette localité, bien que la viande y fût à 2 cemmes *la livre. (Rapport déjà cité de M. Lallement, maire de Nouvion).*

ron, ont occasionné chez les habitants, chacun une dépense de 1 fr. 50 c. par jour, et au total, celle de 960,000 fr.

» Enfin, depuis les premiers jours de novembre jusqu'à la fin de janvier, l'arrondissement a été chargé de 4,000 hommes (indépendamment de ceux casernés) auxquels il a fallu fournir lard, légumes, sel, café, etc., etc ; ce qui a encore été l'objet d'une dépense, à raison de 1 fr. par jour, de 36,800 fr.

» Depuis l'invasion jusqu'à la fin de janvier, l'arrondissement a été écrasé de réquisitions pour transports ; souvent elles étaient tellement considérables, que toutes les voitures se trouvaient insuffisantes. Souvent encore les voitures ont été retenues pendant des mois entiers hors des communes. Cette charge pourrait, sans exagération, entrer dans l'évaluation pour une somme immense, mais on la réduit encore sur le pied de 45 voitures par jour ; et, ne comptant pour chaque voiture que six jours de service, à 16 fr. l'un, on arrive à une somme totale de 864,000 fr.

» Enfin, tout le temps qu'a duré le siége de Mézières, l'arrondissement a fourni, pour travailler aux tranchées, pour pratiquer des chemins à l'artillerie, au moins 5,000 journées de manœuvre et d'ouvrier, qui, à 2 fr. la journée, donnent au total 10,000 fr. (1)

» Pour les autres objets, on a dû s'en rapporter aux renseignements fournis par les maires, et on n'a aucune raison de les soupçonner d'exagération.

(1) C'est-à-dire qu'à la fin de janvier 1816, les charges supportées par l'arrondissement de Sedan, pour le logement et la nourriture des soldats étrangers et pour transports et journées de manœuvres, montaient à plus de 4 millions de francs !... A quoi il faut ajouter le chiffre des pertes pour animaux enlevés, chiffre que nous n'avons indiqué que pour quelques communes, et montant, en totalité, à 841,922 fr. : en tout, près de 5 millions de francs prélevés, en quelques mois, sur les habitants d'une faible portion du département. — L'indignation naît ici sans le secours du commentaire !...

» Le Sous-Préfet ne croit pas devoir terminer sans faire observer que les campagnes de son arrondissement sont encore occupées par plus de 2,000 chevaux et 3,000 hommes ; que pour nourrir les premiers, on prend journellement *sur le grenier de l'habitant* le foin qu'on leur délivre en trop petite quantité, et que le cultivateur se trouve ainsi réduit à l'impossibilité d'entretenir le bétail nécessaire à l'exploitation de ses terres ; et quoique les hommes reçoivent des magasins de l'état les subsistances, et qu'ils n'aient droit de rien exiger de leurs hôtes, il n'est aucun de ces militaires qui, en fournitures extraordinaires, ne coûte 15 sous par jour à l'habitant chez lequel il loge. »

De son côté, le Sous-Préfet de Rethel écrivait, le 28 août 1816 :

« La manière déplorable avec laquelle l'entreprise des fourrages fait son service, m'inspire les plus vives alarmes pour la tranquillité de mon arrondissement, puisque nous sommes à la veille de voir exécuter l'ordre donné par le comte de Woronzoff *de faire fourrager*, faute de denrées dans les magasins... »

Nous venons de le voir, à Vouziers, les habitants avaient été tout d'abord *menacés d'une exécution militaire* ; à Sedan, les foins étaient pris *sur le grenier de l'habitant* ; à Rethel, on allait pouvoir se dispenser de les rentrer !....

. . . .

Ah ! laissons-là ces poignantes douleurs de la patrie humiliée... Glissons également sur les nouvelles calamités que nous réservait l'année 1817, pendant laquelle un grand nombre de nos compatriotes furent réduits à se nourrir de l'herbe des champs (1) et arrivons au 2 octobre 1818.

(1) Par suite des pluies et des mauvaises conditions dans lesquelles les céréales avaient été mises en terre en 1816, le pain valait alors 12 *sous* la livre, et un grand nombre de familles ardennaises

Cette date est celle du traité d'évacuation de la France par les troupes étrangères.

Sur la contribution de guerre imposée à notre pays, il était encore redu : à la Russie et à l'Angleterre, 96 millions ; à l'Autriche et à la Prusse, 80 millions ; aux Pays-Bas, à la Bavière et autres petits Etats, 32 millions... Les représentants de la France le reconnurent, et à cette condition, ceux de la Sainte-Alliance, réunis dans l'antique et glorieuse capitale de Charlemagne, déclarèrent que *l'œuvre de la paix* était terminée.

Et l'évacuation commença...

---

firent leur nourriture presque exclusive de plusieurs sortes de plantes sauvages, notamment du séné, qu'elles réduisaient en bouillie.

CHAPITRE XIII.

Notre pays en 1820. — Encore le général Lemoine ! — Il sollicite le titre de *baron*; — Lettre écrite à cet égard par le Commissaire du Roi au sceau de France ; — Echec du général ; — 1830 le venge, en vengeant la patrie de ses humiliations...

Nous sommes en 1820.

Une charte dite constitutionnelle a été donnée à la France ; mais, en dépit de l'une de ses dispositions, 22 mille officiers de la vieille armée ont été expulsés des cadres de la nouvelle... Une ordonnance royale a également supprimé les grades de général de brigade et de général de division, qu'avaient conquis, en les illustrant, tant de généreux citoyens restés sur les champs de bataille. — Il fallait bien que le pays parût renier ainsi ses gloires et ses conquêtes !

En revanche, le nouveau monarque s'est entouré d'une garde suisse et a fait revivre à la cour, pour le plus grand profit d'une foule d'intrigants qui se disent les soutiens du trône et de l'autel, les plus ridicules institutions des siècles passés. Et combien de solliciteurs, plus ou moins amis du vieux régime, attendent encore la récompense de leur dévoûment à la *chose* publique !

C'est parmi ce pêle-mêle d'ambitieux à pourvoir que nous retrouvons le *lieutenant-général* Lemoine.

L'ex-gouverneur de Mézières a su payer son tribut de bonne volonté contre-révolutionnaire en se montrant, en toute occasion, beaucoup plus royaliste que le roi ; et, comme tant d'autres, il croyait avoir des droits aux faveurs du nouveau gouvernement.

Nous ne connaissons pas les termes de la supplique que le général Lemoine adressa au roi, en 1820, dans le but d'être créé *baron* ; mais voici la lettre qui fut alors écrite au Préfet des Ardennes, par un haut fonctionnaire de l'Etat, lequel désirait être édifié sur les faits et gestes du réclamant comme gouverneur de la place de Mézières « *pendant l'interrègne de* 1815 : »

« Paris, le 12 juin 1820.

» *Le Maître des Requêtes, Commissaire du Roi au Sceau de France,*

» *A Monsieur le Préfet du département des Ardennes.*

» Monsieur le Préfet,

» Le lieutenant-général Lemoine, qui sollicite le titre de Baron, a exercé pendant l'*interrègne* de 1815, et jusqu'au mois de septembre de la même année, les fonctions de commandant supérieur de la place et citadelle de Mézières. Cet officier supérieur a parcouru une longue carrière militaire où il a rendu des services ; mais sa conduite dans la place de Mézières doit aussi être de quelque influence sur la décision à intervenir, et *il faut au moins que le bien qu'il y a fait le justifie de la faute de s'y être trouvé*. J'ai donc recours à vous pour savoir, d'une manière positive, quelle a été cette conduite jusqu'au moment où il a quitté son commandement, jusqu'à quel point il a su concilier ses devoirs envers les habitants avec ce qu'il appelait *ses devoirs envers l'autorité qu'il servait alors*, et quels souvenirs enfin il a laissés à Mézières, soit sous les rapports politiques et militaires, soit sous les rapports moraux, et je vous prie, Monsieur le Préfet, de vouloir bien, dans votre sagesse, en laquelle j'ai la plus grande confiance, me faire part de l'opinion que vous concevez du plus ou du moins de succès de cette demande.

» J'ai l'honneur, etc. » (1)

Pour s'être enfermé dans Mézières, et avoir refusé d'y laisser pénétrer les ennemis de la France, le général Lemoine était donc tenu en suspicion ! — En vain avait-il sacrifié aux Bourbons plus que sa vie, son honneur de soldat, en se laissant accuser « *de trop laisser faire l'ennemi* » : on le regardait pour un défectionnaire ! on le tenait pour un prétendant égoïste, incapable d'aucun élan généreux !...

Du reste, les renseignements fournis en réponse à la lettre officielle, n'étaient guère propres à relever le général aux yeux de ses nouveaux maîtres. Ces renseignements ont fait l'objet d'une notice émanant de M. le comte de Jaubert, maire de Mézières, notice qui ne paraît pas avoir été conservée ; mais nous possédons la minute de la lettre préfectorale qui l'accompagnait. Elle porte la date du 20 janvier 1821 ; et, entre autres passages significatifs, on y trouve les suivants :

« .... Vous démêlerez aisément, à travers les nuages
» dont la notice ci-jointe est voilée, que les souvenirs
» laissés par le général, et notamment l'incendie de

(1) Archives de la Préfecture des Ardennes.

» St-Julien, n'ont rien de favorable à sa demande.

» Le retard apporté dans la réponse à mes deman-
» des, et le caractère un peu obscur de cette réponse,
» prouvent la répugnance qu'éprouvait le fonction-
» naire que j'ai consulté à fournir des renseignements
» défavorables, et l'impossibilité où il était d'en don-
» ner de différents.

» Ce que j'ai recueilli moi-même de détails sur cette
» époque malheureuse, tout-à-fait étrangers d'ail-
» leurs à mon administration dans ce département,
» n'a rien qui puisse me permettre de conclure au-
» trement que ne le fait, à la vérité par insinuation,
» la notice que j'ai l'honneur de vous transmettre. »

Il était parfaitement inutile d'invoquer contre le général les mesures extrêmes qui avaient signalé son gouvernement, alors que les nécessités de la guerre étaient venues motiver ces mesures, sinon les excuser. Coupable d'une faute irrémissible, celle de s'*être trouvé* dans Mézières au 30 juin 1815, le vieil officier était condamné d'avance. Ce fut en vain donc qu'il essaya de se disculper, en cherchant à établir qu'il n'avait été, comme gouverneur de la ville *rebelle*, que l'instrument de volontés plus puissantes que la sienne; qu'en dépit des circonstances, il était resté attaché à la cause des Bourbons, etc., etc. : on ne voulut rien entendre.

Le général Lemoine devait vivre et mourir, comme beaucoup d'autres, sans avoir obtenu le titre de *baron*, mais non sans avoir été vengé par la chute même du gouvernement qui le lui avait refusé. (1)

En effet, ruinée par les indemnités iniquement arrachées à ses labeurs, et d'ailleurs poussée à bout par

(1) En 1830, le général Lemoine habitait, paraît-il, un petit village de la banlieue, où il vivait obscurément. Nous ignorons l'époque précise de sa mort.

la perte successive de toutes ses libertés, la France répudia bientôt les rois que l'étranger lui avait imposés ; elle les répudia, hélas ! sans arriver encore, malgré d'incontestables améliorations, au salut qu'elle s'était promis, et qu'elle trouva enfin, à vingt ans de là, en revenant à la dynastie napoléonienne, en reprenant, sous l'héritier du grand homme qui la surnommait la *terre des braves*, le haut rang qu'elle avait eu naguère parmi les nations du monde.

CHAPITRE XIV.

La France recouvre ses jours de gloire et son rang de nation. — Glorification des vieux défenseurs de Mézières. — Ce qu'il restait de ces hommes en 1858. — La fête du 23 mai. — Le volontaire Pihet et son aigle d'autrefois. — Notre vœu en ce qui concerne le souvenir de la défense de Mézières en 1815.

Après tant de secousses et de déchirements, l'ère nouvelle devait être, et elle fut effectivement toute d'apaisement et de réparations, même pour nos braves défenseurs de Mézières, dont un certain nombre vivaient encore, et qui furent jugés dignes de la médaille de Sainte-Hélène. Ces hommes qui surent braver les armées de l'Europe, n'avaient-ils pas prolongé les heures de l'Empire ? — Ne combattaient-ils pas pour la personne même de l'Empereur, alors que déjà l'illustre prisonnier était allé accomplir sur le rocher homicide la dernière phase de sa glorieuse destinée ?.... Nous sommes heureux de pouvoir donner les noms de ces soldats improvisés, dont les services étaient enfin appréciés comme ils méritaient de l'être, puisqu'ils devaient compter désormais parmi les preux de cette nouvelle chevalerie qu'on nomme les *vieux soldats de l'Empire*. Voici ces noms, pour lesquels nous avons suivi l'ordre alphabétique :

— 83 —

ABRAHAM, Jérôme.
AUBRY, Maurice.
BABIN, J.-B.
BAUDIER, J.-Franç.
BLANCHARD, Théodore.
BOUVART, Simon.
BROCHET, Raymond.
BUISSON, J.-B.
CHATEAU, J.-B.
CHAVEPEYRE, Jean.
CLÉMENT, J.-B.
COCHINARD, Simon.
DAUCHY, Thomas.
D'HERBE, J.-B.-Adr.
DOMINÉ, Roland-Vict.
DUGUET, J.-Charles.
FORTANT, Philippe.
GRANDMAISON, J.-L.
HENRI, J.-B.
JACQUEMART, J.-Marie.
JARLOT, J.-B.
LAHIRÉ, Jean.-Franç.

LAPIE, Henri-Franç.
LEBON, Jacques.
LONGPRÉ, J.-B.
MAJORELLE, Victor.
MALHERBE, Pierre-Ch.
MATHIEU, François.
MARTINET, Charles.
MIDOUX, François.
MIDOUX, Jean-Eloi.
MINOT, Auguste.
NOEL, Pierre.
PETIT, Jean-Nicolas.
PINARD, P.-Eloi-Fréd.
PIVET, Jean-Joseph.
ROBIN, Jean-Pierre.
ROUSSEAU, Charles.
THÉOBALD, J.-B.
THIÉRY, Paul-Joseph.
THIÉRY, Frédéric.
VAUBUNGEN, F.-Mathia.
VARIN, Jean-Valère.

Les médaillés macériens reçurent leur titre et leurs insignes le 23 mai 1858, des mains de M. Fournier-Bourdier, maire de la ville, qui les leur remit en présence du Conseil municipal, de la compagnie des sapeurs-pompiers et du commandant Marion lui-même, alors âgé de 85 ans. (1)

Quant aux anciens militaires qui faisaient également partie de la garde nationale en 1815, et à qui la médaille revenait à un double titre, ils l'avaient obtenue dès le mois de décembre 1857. Ils étaient au nombre de 21, savoir : MM.

(1) Marion (Joseph-Gabriel), né à Mézières le 11 avril 1773, mourut en cette ville, le 11 janvier 1861.

Abraham, J.-B.	Lebon, Nicol.-Léon.
Boquillon, J.-B.	Lemoine, J.-N.-Amb.
Bizot, Jean-Henri.	Lecomte, Pierre-Jos.
Charlier, J.-Nicolas.	Mailleux, Fr.-Stanis.
Clément, François.	Marion, Joseph-Gabr.
Chopin, Jean-Pierre.	Martinet, André.
Dauchy, Gérard.	Martinet, Nicolas.
Daux, André.	Poulain, J.-Ch.-Louis.
Gilmé, Pierre.	Renaux, Alexis.
Guérin, Jean-Ponce.	Xomnel, Franç.-Jos.
Haveaux, J.-B.	

Ces listes ne comprennent pas tous les noms que nous y verrions, si la récompense qu'elles ont pour objet eût été moins tardive, si le temps, et avec lui de nombreux décès, n'étaient venus les amoindrir d'une façon déplorable.....

Parmi ceux des habitants de Charleville qui partagèrent généreusement les travaux et les périls du siége, les vides sont plus remarquables encore.

En effet, sur les 65 hommes dont se composait l'effectif de la compagnie formée dans cette ville, il ne s'en trouva que 8, en 1858, pour l'obtention de la médaille !... Nous nous faisons un plaisir et un devoir de joindre leurs noms à ceux de leurs camarades de Mézières ; les voici :

Baulemont, J.-B.	Dominé, Roland.
Coulon, Jean-Franç.	Fallacieux, Antoine.
Cosandier, Fr.-Barth.	Lalbertaux, J.-B.-A.
Davoin, J.-B.	Renard, André.

Il est vrai de dire que plusieurs des vieux patriotes qui méritent de figurer ici, ont changé de domicile, et que d'autres ont négligé de faire valoir leurs droits en temps utile. Il y a lieu de regretter que de nouvelles démarches, tentées en leur faveur, n'aient pas encore pu aboutir, car tous ces hommes ont également mérité du pays, et tous aussi sont restés attachés à l'Empereur, qu'ils servirent spontanément, lorsque tant d'autres l'abandonnaient. Faut-il citer un exemple de ce culte voué au grand capitaine ? — M. Pihet (Edme-Jacques), un des volontaires carlopolitains non encore médaillés, va nous le fournir.

M. Pihet habite le village de Neufmanil, où il dirige, comme chef de fabrication, les beaux ateliers de *Froides Fontaines*. Personnellement, il est l'incarnation parfaite de la démocratie, le partisan-né de l'émancipation du prolétariat. Eh bien ! M. Pihet ne s'est jamais séparé de l'aigle qu'il portait au siége de Mézières ! siége dont il ne parle d'ailleurs qu'avec l'enthousiasme de ses jeunes années...

C'est que, dans son ardent amour du pays et de ses gloires, le vieil ouvrier sait tenir compte des services que l'Empereur rendit à la cause du peuple, et que, pour lui, Napoléon Ier fut à la fois le génie et le sauveur de la nouvelle France, en organisant la révolution, dont il était le produit le plus glorieux.

En terminant ici le modeste travail que notre patriotisme s'est imposé, nous nous permettons d'exprimer un vœu : c'est qu'il soit élevé, sur l'une des places publiques de Mézières, un monument destiné à éterniser la mémorable défense de 1815. En France, la gloire des pères a toujours fait naître le courage chez les enfants. Il faut donc que les jeunes Macériens sachent de bonne heure l'histoire de cette résistance héroïque de leurs aïeux ; il faut qu'ils aient constamment ce grand exemple sous les yeux ; il faut enfin qu'en visitant la vieille cité de Bayard, l'étranger apprenne lui-même que, malgré les efforts combinés des étrangers et des traîtres, ses habitants n'ont pas un seul instant déserté la sainte cause de l'honneur national.

ERRATA.

Page XXI,	ligne 28,	au lieu de *promènent*,	lisez :	*promenèrent*
— XXII,	— 20,	— *guant*,	—	*quand*.
— XXVI,	— 27,	— *Boizy*,	—	*Roizy*.
— XXXVIII,	— 15,	— *de Mézières*	—	*à Mézières*.
— LXXIX,	— 24,	— *peu à près*	—	*peu après*.
— LXXXIV,	— 27,	— *Cigne*,	—	*Cygne*.
— 4,	— 29,	— 90 *combattants*,	—	90 *mille*...
— 15,	— 7(n[te])—	*venaii*,	—	*venait*.
— 56,	— 2,	— *chef-lieu suppl[t]*,	—	*chef suppl[t]*.

TABLE ANALYTIQUE DE LA NOTICE.

I. Les anciens peuples de l'Ardenne. — Le plateau de Bertaucourt sous les Romains. — Résultat des fouilles opérées dans les environs. — L'*Astrinum* de Cons-la-Grandville. — Médailles relevées au Theux et à Saint-Marceau. — Les premiers habitants du *Castricium* . . . . page I.

II. Situation et étendue probable de la ville de *Castrice*. — Ce que c'était que le *Chastelet*. — Les trouvailles et les constructions du *Mont-Olympe*. — Apostolat de Saint-Maximin dans les Ardennes . . . . page VIII.

III. La ville et le pays do *Castrice* sous Clovis et sous Charlemagne. — Leurs premiers comtes : *Garlache, Erlebauld, Gharin*. — Fondation de *Mézières*. — La statue du dieu *Mocer* et les étymologistes . . . . page XI.

IV. L'empereur Othon d'Allemagne proclamé roi de France à Attigny. — Compétition de deux prétendants à l'archevêché de Reims. — Combats dans les Ardennes et dans le Rémois. — Entrevue d'Yvois. — Les Hongrois battus à Senuc. — *Manassès* succède à Gharin et devient comte de Rethel . page XVII.

V. Le seigneur de Mézières lutte contre Hugues Capet. — Prouesses et exactions de ses successeurs. — *Hugues* et *Witer* sont excommuniés. — Fondations pieuses dues à ce dernier. — L'abbaye d'Elan. — Annexion de la collégiale de Braux à l'abbaye de Novi . . . . page XXII.

VI. *Manassès IV* érige à Mézières la collégiale dite de St-Pierre. — Quelques expéditions de ce seigneur. — Ses dettes et ses courses sur les terres de l'église de Reims. — *Hugues II* lui succède. — Affranchissement de plusieurs villages. — *Hugues III*. — Grande charte de Mézières. — Organisation de l'échevinage, etc. . . . . page XXVIII.

VII. *Jean I*er. — Franchises acdordées par lui. — Accroissement de Mézières. — Fondation probable de Hôtel-Dieu. — Un incendie détruit le château et la collégiale de Mézières. — La ville sous les comtes de Flandre. . . page XXXVII.

VIII. Nouvel accroissement et grande prospérité de Mézières. — Son commerce et son industrie. — La ville est assiégée par les Impériaux. — Bayard la défend. — Courage de ses habitants. — Le siége d'après les Mémoires du temps. page XLV.

IX. François Ier à Mézières. — Augmentation des fortifications. — Création d'une compagnie dite de la *Jeunesse*. — Les *Chevaliers de l'Arquebuse*. — La ville sous les ducs de Nevers. — *Louis de Gonzague*. — Erection du palais des Tournelles. — Les noces de Charles IX y sont célébrées. . . page LIII.

X. Mézières repousse les Calvinistes. — Séjour de Henri III dans cette ville. — La Ligue s'y installe sous les ordres du comte de St-Paul. — Prise du château d'Omont. — La compagnie de la *Jeunesse* y perd 63 hommes ! — Rivalité du duc de Guise et du comte de St-Paul. — Mort de ce dernier. page LIX.

XI. Les *libéralités* et les prétentions de Mme de St-Paul. — Désintéressement des échevins de Mézières. — Les habitants du faubourg de Bertaucourt. — Une lettre du roi Henri IV. — Reddition de Mézières. — Conditions du *traité*. — Ses conséquences. — Mort de Louis de Gonzague. page LXVII.

XII. *Charles de Gonzague* succède à son père. — Sa souveraineté d'Arches. — Mézières reçoit et fête Henri IV. — Rébellion du prince de Sedan. — Charles de Gonzague y prend part. — Décadence de Mézières. — Louis XIII visite cette ville. — *Charleville* et la question des marchés aux grains. — La Révolution française tranche cette question. . page LXXII.

Vouziers. — Typographie de A. LAPIE.

www.ingramcontent.com/pod-product-compliance
Lightning Source LLC
Chambersburg PA
CBHW070658100426
42735CB00039B/2311